CATALOGUE

DE LA BELLE COLLECTION DE

LETTRES AUTOGRAPHES

GRAVURES ANCIENNES

DESSINS ORIGINAUX ET MANUSCRITS SUR VÉLIN

PROVENANT DU CABINET

DE FEU M. LE COMTE DE ***

DONT LA VENTE AURA LIEU

HOTEL DE MM. LES COMMISSAIRES-PRISEURS,

rue Drouot, salle n° 5, au 1er étage,

le mercredi 3 février 1858 et les trois jours suivants

à sept heures du soir,

Par le ministère de Me BAUDRY, Commissaire-Priseur, rue Sainte-Anne, 69,

Assisté de M. CHARAVAY.

La vente des dessins, des gravures, et des manuscrits sur vélin, aura lieu le samedi 6 février, à midi précis.

Le catalogue se distribue :

A Paris, chez CHARAVAY, libraire, expert en autographes, rue de Seine, 53,
et SIEURIN, marchand d'estampes, rue des Beaux-Arts, 11.

PARIS

CHARAVAY, LIBRAIRE, RUE DE SEINE, 53.

1857.

CATALOGUE

DE LA BELLE COLLECTION DE

LETTRES AUTOGRAPHES

GRAVURES ANCIENNES

DESSINS ORIGINAUX ET MANUSCRITS SUR VÉLIN

PROVENANT DU CABINET

DE FEU M. LE COMTE DE ***

DONT LA VENTE AURA LIEU

HOTEL DE MM. LES COMMISSAIRES-PRISEURS,

rue Drouot, salle n° 5, au 1er étage,

le mercredi 3 février 1858 et les trois jours suivants

à sept heures du soir,

Par le ministère de Me BAUDRY, Commissaire-Priseur, rue Sainte-Anne, 69,

Assisté de M. CHARAVAY

La vente des dessins, des gravures, et des manuscrits sur vélin, aura lieu le samedi 6 février, à midi précis.

Le catalogue se distribue

A Paris, chez CHARAVAY, libraire, expert en autographes, rue de Seine, 53,

et chez [illegible], marchand d'estampes, rue des Beaux-Arts, 11.

PARIS

CHARAVAY, LIBRAIRE, RUE DE SEINE, 53.

1857.

ORDRE DES VACATIONS.

Première vacation. Mercredi 3 février 1858 :
Autographes, du n° 1 à 147.

Deuxième vacation. Jeudi 4 février 1858 :
Autographes, du n° 148 à 296.

Troisième vacation. Vendredi 5 février 1858 :
Autographes, du n° 297 à 439.

Quatrième vacation. Samedi 6 février 1858, à midi :
Dessins, gravures anciennes et manuscrits sur vélin,
de 1 à la fin du catalogue.

AVIS.

Il y aura, chaque jour de vente, de une heure à trois heures, exposition des autographes qui seront vendus le soir.

Les gravures et les manuscrits seront exposés les *jeudi* et *vendredi*, de une heure à trois.

Et, pour plus de facilité,

MM. les amateurs sont prévenus qu'ils pourront en prendre connaissance chez M. CHARAVAY, avant la vente.

On aura huit jours pour la vérification des autographes. Passé ce délai, aucune réclamation ne sera admise.

Les acquéreurs paieront 5 pour cent en sus du prix d'adjudication, applicables aux frais.

M. Charavay remplira les commissions qu'on voudra bien lui confier.

STRASBOURG, TYPOGRAPHIE DE G. SILBERMANN

CATALOGUE

DE

LETTRES AUTOGRAPHES.

---

1. **ABBESSES** de divers couvents. Huit l. aut. sig.

   Daligre, Saint-Cyr, 1714, 1 p. in-4. — Harlay, ancienne abbesse de Port-Royal, 1 p. in-4. — Lafeuillade (Elisabeth de), 3 p. in-4. — Larochefoucauld (de), de Montmartre, 1738, 1 p. in-4. — Marie de la Présentation, carmélite. En espagnol, 1746, 1 p. 1/2 in-fol. — Rochechouart (L. Fr. de), de Fontevrault, 1703, 1 p. in-4. — Rohan (de), de Jouare, 3 p. 1/2 in 4. — Thérèse de Saint-Joseph, 2 p. in-4.

2. **ACADÉMIE FRANÇAISE.** Cinq pièces.

   Boivin (Jean), quitt. aut. sig. sur vélin, 1712. — Boze (Gros de), L. aut. sig., 1 p. in-4. — Duclos, sa signature découpée. — Renaudot (Eusèbe), quitt. sig. sur vélin, 1696. — Plus : une signature découpée de Louis Racine.

3. **ACHERY** (D. J. Luc d'), savant bénédictin.

   L. aut. sig. à De Valois, 1674, 1 p. in-4. Jolie lettre.

4. **ALBE** (Ferd. de *Tolède*, duc d'), l'un des plus grands capitaines de l'Espagne.

   L. sig. en espagnol, avec la souscription de 2 lignes, aut.; 21 avril 1576, 1 p. in-fol., cachet. Conservation parfaite.

5. **ALENÇON** (Jean II, duc d'), pair de France, parrain de Louis XI, deux fois condamné à mort, sous Charles VII et Louis XI, mort en 1476.

   Pièce sig. sur vélin; château d'Argentré, 8 déc. 1455, in-fol. en travers. *Déchirure dans un angle, enlevant trois demi-lignes.*

6. **LE MÊME.**

   Pièce sig. sur vélin; 6 mai 1465, in-4 en travers.

   Marguerite de Lorraine, duchesse d'Alençon, femme du précédent.

   Pièce sig. sur vélin; 1er février 1472, in-8 en travers.

7. **ALENÇON** (René, duc d'), pair de France, dépouillé de ses biens par Louis XI, qui le fit renfermer dans une cage de fer; mort en 1492.

   L. aut. sig. au roi Louis XI; au château de Chinon (1474), 4 p. pl. in-fol. *Très-rare. Bien conservée.*

   Lettre d'un haut intérêt, relative à la circonstance la plus importante de la vie et de ce personnage. Il vient d'être arrêté par le comte Du Lude et M. de Craon, qui, accompagnés de beaucoup de gens de guerre et de peuple, l'ont conduit dans cette prison, sous le prétexte qu'il avait fait passer de l'argent en Bretagne et qu'il se disposait à y aller attaquer l'armée royale. Il entre dans tous les détails des ruses employées pour se rendre maître de sa personne pendant qu'il était à la chasse et qu'il allait à la messe. On lui avait conseillé d'aller à Nantes trouver M. Hunandayes, mais il ne l'avait pas fait, voulant éviter la main de M. Du Lude. Il savait, d'ailleurs, que les Bretons le haïssaient, à cause de l'entreprise qu'il avait faite, deux ans avant, sur Fougères, et que, s'il se retirait en Bretagne, on voulait l'y faire prendre, et lui faire *mal mal*. Il se justifie, auprès du roi, de l'accusation dont il est l'objet, et termine en demandant merci. « Mon très redoubté et souverain seigneur, je vous supply très humblement qui vous playse de vostre begnigne grace me pardonner ce que je vous pourrayes avoyr offence en cecy et avoyr pitié de moy, et que je puisse usser mes jours en vostre service; et, mon très redoubté et souverain seigneur, de tous les biens de ce monde ne me chault mays qui vous playse que je vous puisse voyr et usser ma vie en vostre bonne grace et estant avecques vous. »

C'est alors que Louis XI, loin d'accueillir sa prière, le fit renfermer dans une cage de fer, et le déféra à un tribunal, qui le condamna à mort pour avoir tramé une ligue avec le duc de Bretagne. Cette peine fut commuée ensuite en une prison perpétuelle.

8. **ALENÇON** (Charles IV, duc d'), beau-frère de François Ier, premier prince du sang, qui fut cause de la perte de la bataille de Pavie, et en mourut de honte en 1525.

Pièce sig. sur vélin; Paris, 13 juin 1519, in-fol. en travers. *Bonne conservation.*

9. **ALGER** (le roi d').

L. écrite, en espagnol, par un secrétaire, avec le cachet du roi, au comte de Tende, gouverneur de Provence; Angel, 24 août 1554, 1 p. in-fol., cachet. Document historique. *Pièce doublée.*

10. **ALLEMANDS** et autres étrangers. Quinze l. aut. sig. ou seulement signées, des suivants :

Christian (le prince), 1676. — Ferdinand, électeur de Cologne, 1624. — L'évêque de Holstein, 1694. — Keppel (le baron J.). — Léopold, archiduc, 1612. — Ligne (le prince de), 1641-97. — Martinitz, 1678. — Wintertfeldt (le baron de), 1695; etc.

11. **AMOUR** (L. *Gorin de Saint-*), célèbre recteur de l'Université de Paris.

L. aut. sig. au recteur de l'Université; Rome, 13 novembre 1651, 3 p. pl. in-fol.

Lettre fort curieuse relative à la mission dont les prélats jansénistes de France l'ont chargé à Rome pour y soutenir les *cinq propositions* auprès d'Innocent X. (Le *Journal* qu'il écrivit, à ce sujet, après son retour en France, fut condamné par arrêt du Parlement, de 1664, à être brûlé par la main du bourreau.)

12. **ANGLAIS.** Sept pièces sig. sur vélin.

Bedford (Henri), 1446. — Hamilton (James), 1550. — Stuart (Jean), duc d'Albanie, 1520. — Stuart (Robert), 1527. — Stuart (Jean), 1508. — Stuart (Bérault), seigneur d'Aubigny, 1504. — Richard, duc de Suffort, 1516.

13. **ANGOULÊME** (Louis-Emmanuel de Valois), comte d'Alais, petit-fils de Charles IX.

L. aut. sig. au comte de Montrésor; du camp de Montrond, 24 juillet 1652, 1 p. pl. in-4. *Pièce doublée.*

14. **ANNE DE FRANCE**, duchesse de *Beaujeu*, régente de France.

Pièce sig. sur vélin, 26 août 1514, in-fol.

15. **ANNE D'EST**, épouse de Henri de Guise, dit *le Balafré*.

L. aut. sig.; Paris, 17 février..., 1 p. pl. in-fol.

16. **ARNAULD** (Ant.), dit *le Grand*, docteur de Sorbonne.
L. aut. sig. à l'abbé Le Roy, 26 octobre 1674, 1 p. pl. in-8.

17. **LE MÊME.**
L. aut. sig. à l'abbé Mauvillette, 2 p. 1/2 in-4. *Le second feuillet doublé.*

18. **LE MÊME.**
L. aut. sig., ce 23 août, 1 p. in-4.

19. **LE MÊME.**
L. aut. sig. au curé de Saint-Louis-en-l'Ile, 21 janv. 1693, 2 p. in-8.

20. **ARTUS III**, dit *le Justicier*, duc de Bretagne, connétable de France.
Pièce sig. sur vélin, 12 janvier 1450, in-fol.
Relative à la mort de son neveu, Gilles de Bretagne.

21. **ASTRONOMES.** Deux quittances sig. sur vélin.
CASSINI (Dominique-Jean), 1779. — LAHIRE (Ph. de), 1711.

22. **AUBAIS** (Ch. de *Bachi*, marquis d'), historien et géographe.
L. aut. sig.; Aubais, 25 janvier 1724, 1 p. in-4.

23. **AUMALE** (Mlle d'), secrétaire de Mme de Maintenon.
L. aut. sig.; 25 mars 1714, 2 p. in-4.

24. **BALUZE** (Étienne), savant historien et généalogiste.
L. aut. sig.; 27 décembre 1669, 2 p. pl. in-8.

25. **BAUDOIN**, bâtard de Bourgogne, seigneur de Baignolx, conseiller et chambellan de Louis XI.
Quitt. sig. sur vélin, 26 novembre 1482.

26. **BAVIÈRE** (princes et princesses de la maison de). Six lettres.
GUILLAUME V. L. aut. sig. à sa sœur; Copping, août 1591, 1 p. in-fol. — MAXIMILIEN Ier. L. aut. sig. à la duchesse de Brunswick, 1 p. in-fol., cachet. — ALBERT (le duc). L. sig. avec la souscription aut.; Monaco, 1674, 1 p. in-fol. — MAXIMILIEN-EMMANUEL. L. aut. sig.; au camp de Ninone, 3 p. 1/2 in-4. — MAGDELEINE. L. aut. sig. à sa tante la duchesse de Brunswick, 1 p. in-fol., cachet. — MARIE-ANNE. L. sig. avec la souscription aut., 19 juin 1638, 1/2 p. in-fol.

27. **BEAUVILLIER** (Paul, duc de), gouverneur du duc de Bourgogne, ministre, etc.
1° L. aut. sig. au duc de Bourgogne; Fontainebleau, 12 octobre 1692, 4 p. pet. in-4.
Il a trop plu pour que le prince puisse aller au Rocher brûlé. «... Si la pluye cesse, vous jouerés aux barres et à la morue; si elle continüe, vous reviendrés (après avoir fait un petit tour) jouer au galet, au billard, au Roy qui parle, ou à Collin-Maillard, assis dans vostre appartement.»
2° L. aut. sig.; 29 décembre, 1 p. in-4.

28. **BELLARMIN** (Robert), cardinal, célèbre controversiste.
L. aut. sig., en latin; Rome, 16 juin 1618, 1 p. in-fol., cachet.

29. **LE MÊME.**
2 L. sig.; Rome, 1616-18, 2 p. in-fol., cachet. *Tachées d'humidité.*

30. **BELLAY** (Guillaume du), sieur de *Langey*, ambassadeur et grand capitaine.

L. sig., avec la souscription aut., à M. Moreau; 15 août 1537, 1 p. in-fol., cachet.

31. **BELLAY** (Jean du), cardinal, négociateur sous François Ier.

L. aut. sig.; Rome, 1 p. pl. in-fol.

32. **BELLIÈVRE** (Claude de), seigneur de Hautefort, premier président au Parlement de Grenoble.

L. aut. sig. à M. de Villeroy; Grenoble, 13 avril 1583, 2 p. in-fol.

Relative à la prise d'Anvers et aux troubles religieux du Languedoc et du Dauphiné. Il est chargé de s'éclaircir sur les intentions de Lesdiguières. « Je suis après à luy envoyer un bien honneste homme et bon serviteur du Roy, avecques Memoires et instructions pour le sonder de ce que peut estre de tous ces bruiz et de son intention, faisant estat de luy faire parler à bon escient. »

33. **BELZUNCE** (H.-F.-Xavier), évêque de Marseille, connu par son dévouement pendant la peste de 1720.

L. aut. sig.; Marseille, 5 mai 1723, 1 p. pl. in-4.

34. **BENSERADE** (Isaac de), poëte de l'Académie française.

Billet aut. à M. d'Hozier, 1 p. in-8 en travers. *Rare.* Déchirure dans un angle.

Il demande le blason de ses armes pour mettre derrière son carrosse.

35. **BENTLEY** (Richard), l'un des meilleurs critiques de l'Angleterre.

L. aut. sig., en latin, à l'abbé Bignon; Cambridge, 8 décembre 1713, 2 p. pl. in-4.

Lettre toute d'érudition, sur les auteurs grecs et latins.

36. **BENZELIUS** (Eric), antiquaire et historien, archevêque d'Upsal et fondateur de l'Académie de cette ville.

L. aut. sig., en latin; Upsal, 1708, 4 p. in-4.

37. **BERGIER** (Nicolas), savant avocat, auteur de l'*Histoire des grands chemins de l'empire romain*, né à Reims.

L. aut. sig. à M. Barrois, avocat à Reims; 16 mars 1616, 1 p. pl. in-fol., cachet. *Très-rare.*

Il lui donne avis que LL. MM. vont arriver à Paris, et que des députés ont été envoyés au devant d'elles.

38. **BERNOUILLI** (Daniel), célèbre astronome.

L. aut. sig.; Paris, 15 septembre 1733, 4 p. pl. in-4, d'une écriture fine et serrée.

Macédoine littéraire et scientifique.

39. **LE MÊME.**

L. aut. sig. à Fabien Mallet; Bâle, 1er juin 1740, 1 p. in-4.

40. **BERNOUILLI** (Jean), fils, mathématicien, de l'Académie des sciences.

L. aut. sig. à M. Mallet; Bâle, 12 septembre 1739, 2 p. in-4.

41. **BERRI** (Marie-Louise-Elisabeth d'*Orléans*, duchesse de), fille du régent, connue par ses déportements.

L. aut. sig.; Marly, 11 mai.... 1 p. pl. in-4. *Rare.*

42. **BERTHIER** (Guil.-Fr.), jésuite, continuateur de l'*Histoire de l'Eglise gallicane*, et rédacteur du *Journal de Trévoux*, né à Issoudun.

L. aut. sig. à Dom Bouquet; 9 février 1753, 3 p. in-4, cachet.

43. **BERWICK** (Jacques, duc de), maréchal de France.
L. aut. sig.; Saint-Germain, 19 août 1713, 3/4 de p. in-4.
Recommandation en faveur de pauvres religieuses anglaises.

44. **BÈZE** (Théodore de), illustre réformateur.
L. aut. sig., en latin, à Macutus Pomponius, à Dijon; Paris, 3 mars, 2 p. 1/2 in-fol. *Belle et rare pièce.*

45. **BLAMPIN** (Thomas), bénédictin, savant éditeur des *Œuvres de saint Augustin*, né à Noyon.
L. aut. sig. à Mme de Caumartin; Reims 1698, 2 p. in-4.

46. **BOILEAU** (Jacques), docteur de Sorbonne, auteur de l'*Histoire des flagellants*.
L. aut. sig.; Paris, 28 septembre 1706, 11 p. in-4.
Relative à un pamphlet dirigé contre M. de Noailles, archevêque de Paris, et attribué à *La Rochère*, que Boileau cherche à disculper.

47. **BOISROBERT** (F[ois] *Metel* de), poète, de l'Académie française, né à Caen.
L. aut. sig. à d'Hozier; Rome, 25 décembre, 3 p. pl. in-fol., cachets.
Nouvelles de Rome, où il a été bien accueilli. Il ne se soucie pas de rentrer en France tant que durera la désunion entre M. le cardinal et la reine. « Il court bien ici quelque bruit de leur raccommodement, mais il y a si peu de sûreté parmi ces nouvelles » qu'il le conjure de lui donner des éclaircissements à ce sujet. »

48. **BOIVIN** (Jean), helléniste, de l'Académie française.
L. aut. sig.; à la Bibliothèque, le dimanche des Rameaux, 4 p. in-4. Jolie lettre.

49. **BOSSUET** (Bénigne), illustre évêque de Meaux.
Pièce sig., et contresignée par l'abbé Ledieu; 5 février 1686, 1 p. in-fol.
Bossuet (l'abbé), évêque de Troyes.
L. aut. sig. à M. de la Garde; 1709, 1 p. in-4, cachet.

50. **BOUFFLERS** (L.-Fr., duc de), maréchal de France.
L. aut. sig. (à d'Hozier); Paris, 25 octobre 1698, 2 p. pl. in-4.
Il le prie de fournir aux auteurs du *Dictionnaire de Moreri* des renseignements généalogiques sur sa famille.

51. **BOUHIER** (Jean), président au Parlement de Dijon, de l'Académie française.
L. aut. sig.; Lantenay, 16 octobre 1732, 2 p. 1/4 in-4.

52. **BOUHOURS** (Dominique), jésuite, écrivain spirituel et élégant.
L. aut. sig., 1 p. pet. in-8.
Relative à ses *Pensées ingénieuses*. « Certaines gens trouvent ridicule que je cherche de l'esprit dans les Pères. Vous verrez, dans l'avertissement, quel est mon dessein, et si j'ai tant de torts. »

53. **BOUILLON** (H. de *Latour-d'Auvergne*, duc de), maréchal de France, père de Turenne.
L. aut. sig. au roi; Châtellerault, 26 juillet, 2 p. pl. in-fol. *Belle lettre.*

54. **BOURBON** (Charles, cardinal de), élevé au trône par les ligueurs, sous le nom de *Charles X*.
Pièce sig., et sig. aussi de 15 autres *prélats ou députés du clergé de France*, au bas d'un arrêté de compte dudit clergé; abbaye de Saint-Germain-des-Prés-lès-Paris, 29 juillet 1588, 1 p. 3/4 in-fol.

55. **BOURBON** (maison de). Dix pièces.
Vendôme (Louis, comte de). Pièce sig. sur vélin, 1480. —

Vendôme (François, comte de). Pièce sig. sur vélin, 1492. — Enghien (François, comte de). Pièce sig. sur vélin, 1539. — Enghien (Jean d'). L. sig., 1548, 1 p. in-4. — Charles, gouverneur du Dauphiné. Pièce sig. sur vélin, 1563. — Montpensier (Louis, duc de). Pièce sig. sur vélin, 1574. — Charles. L. aut. sig.; Gaillon, 25 février 1590, 1 p. in-fol. — Charles, cardinal. Pièce sig. sur vélin, 1594. — Condé (Henri, prince de). Pièce sig. sur vélin, 1609. — Condé (Henri-Jules, prince de). L. sig., 1696, 1 p. 1/4 in-4.

56. **BOURDELOT** (Jean), savant philologue.

L. aut. sig. à d'Hozier; Rome, 13 octobre 1635, 1 p. in-fol., cachet.

57. **BOURGOGNE** (Louis, duc de), dauphin, fils de Louis XIV.

Dictée aut., 1693, 8 p. pet. in-4.

58. **BOUROTTE** (Dom Fr. N.), bénédictin, continuateur de l'*Histoire du Languedoc*.

L. aut. sig. à M. de Carrière, 1771, 1 p. in-4.

59. **BOUTARD** (l'abbé F^ois^), littérateur, de l'Académie des belles-lettres, né à Troyes.

L. aut. sig.; Paris, 27 décembre 1727, 2 p. in-4.

Envoi d'une églogue latine, jointe à la lettre.

60. **LE MÊME.**

L. aut. sig.; Paris, 12 janvier 1728, 1 p. pl. in-4.

Relative à la même églogue.

61. **BOYER** (J. F.), évêque de Mirepoix, de l'Académie française.

L. aut. sig.; Versailles, 5 février, 1 p. pl. in-4.

62. **BOZE** (Claude-Gros de), numismate et érudit, de l'Académie française.

2 L. aut. sig.; La Fère, 3 octobre 1654, 2 p. in-4.

63. **BRUNSWICK** (Éric, duc de), dit *le Jeune*, général de Charles-Quint et de Philippe II.

L. aut. sig., en espagnol, à sa femme; 7 juillet 1576, 7 p. pl. in-fol., cachets.

64. **BUFFON** (le c^te^ de), illustre naturaliste.

L. aut. sig. à M. de Lisle, de l'Académie des sciences; Montbard, 2 octobre 1747, 1 p. pl. in-4, cachet.

Accuse de réception de plusieurs pièces de curiosités envoyées par lui au Musée d'histoire naturelle.

65. **CALMET** (Dom Aug.), savant bénédictin, né en Lorraine.

L. aut. sig.; 9 février 1725, 3 p. pet. in-8.

Envoi d'antiquités trouvées dans des démolitions de la ville de Tours.

66. **CAMDEN** (Guillaume), célèbre antiquaire anglais.

L. aut. sig., en latin; Londres, 1618, 1 p. in-fol., cachet.

Lettre relative à la maison de Courtenay.

67. **CANAYES** (Philippe de *Fresnes*, sieur de), diplomate, médiateur entre le pape Paul V et les Vénitiens.

L. aut. sig., en latin, 1597, 1/2 p. in-4.

68. **CARDINAUX.** Six lettres aut. sig.

Alsace (d'). Malines, 20 mars 1729, 8 p. pl. in-8. *Intéressante.* — Bouillon. 1709, 1 p. in-4. — Coislin. Rome, 1700, 1 p. in-4. — Gualterio. 4 p. in-4. — Florence (de). Au roi; Rome, 27 octobre 1600, 1 p. pl. in-fol. — Rohan (A. G. de), 1732, 1 p. 1/2 in-4.

69. **CARDINAUX.** Huit lettres sig.

Armagnac (George d'). 1579, 1 p. in-fol. — Conti. Au roi;

Avignon, 1604, 1 p. in-fol. — Dubois, 1722, 1 p. 1/4 in-4. — Gesvres, 1730, 1 p. in-4. — Larochefoucauld, 1783, 1/2 p. in-4 — Saulx-Tavannes, 1758, 1/2 p. in-4. — Tencin, Lyon, 1754, 1 p. in-4. — Vendôme, Paris, 1668, 1 p. in-fol.

70. **CARAFA** (Vincent), 7e général des jésuites.

L. aut. sign., en latin; Rome, 20 juin 1647, 1 p. in-fol.

71. **CATHERINE DE MÉDICIS**, reine de France.

L. terminée par onze grandes lignes aut. sig., à M. de Tavannes; Paris, 22 avril 1565, 1 p. in-fol., cachet. *Belle lettre.*

72. **LA MÊME.**

L. aut. sig. au maréchal de Tavannes; 14 décembre 1569, 1 p. 1/2 in fol., d'une écriture serrée, cachet. *Conservation parfaite.*

Importante lettre historique, sur l'état des forces dont le Roi peut disposer, et sur les propositions de paix faites par l'amiral Coligny et les seigneurs protestants, qui demandent, comme conditions, la restitution de leurs biens et honneurs, la sûreté de leurs vies et l'exercice public de leur religion, désignant La Rochelle comme la ville où le Roi et la Reine de Navarre pourraient envoyer des plénipotentiaires.

73. **CATHERINE DE BOURBON**, princesse de *Navarre*, sœur de Henri IV et femme de Henri de Lorraine.

L. sig., avec 7 lignes aut.; Bar-le-Duc, 23 mai 1600, 1 p. in-fol., cachets.

74. **CATHERINE**, reine de Pologne, épouse d'Auguste III.

L. aut. sig.; Lunéville, 30 février 1744, 1/2 p. in-4.

Stanislas, roi de Pologne.

L. sig., avec la souscription aut.; 1729, 3/4 de p. in-4.

75. **CATINAT** (Nicolas), maréchal de France.

L. aut. sig.; Strasbourg, 1er mai 1702, 1 p. in-4.

76. **CAVANILLES** (l'abbé Ant. Jos.), savant botaniste espagnol.

L. aut. sig., en espagnol, à Ch. Pougens; Madrid, 2 juillet 1801, 2 p. in-4.

Il annonce qu'il vient d'être nommé directeur et professeur unique du jardin botanique du roi.

77. **CENSEURS ROYAUX** avant la Révolution. 33 lettres, la plupart aut. sig., des suivants :

Ameilhon, Artaud, Bérenger, Bosset, Bouchaud, Cames, Capperonnier, Coquelet de Chaussepierre, De Guignes, Demachy, Destoy de Rochefort, Guid, Guyot, Hoüart, Kéralio (de), La Chapelle (l'abbé de), La Laure, Lebas, Lebègue de Presle, Lourdet, Maret, Mentelle, Parmentier (2 lettres), Perrin de Cayla, Philippe, Raulin, Riballier, Robert de Vaugondy, Roy (l'abbé), Sélis, Terrasson, Toustain-Richebourg; 1775-88, 39 p. in-4.

Comptes rendus, souvent curieux, faits par ordre du garde des sceaux, de divers ouvrages publiés alors.

78. **CHABOT** (Philippe de), amiral de France.

Pièce sig. sur vélin, 18 avril 1533, in-fol. en travers.

79. **CHAISE** (Fois de La), célèbre confesseur de Louis XIV, né en Forez.

L. sig. au R. P. Bonaventure; Paris, 26 janvier 1700, 2 p. pet. in-8.

Il le remercie de l'avis qu'il lui a donné au sujet d'un nommé Taüan. « Tout ce qu'il peut dire contre nostre compagnie ne peut luy faire aucun tort, plus il paraîtra déchesné à la calomnie, et moins il sera cru des gens de bien et de probité qui la connaissent.»

A cette lettre sont jointes les deux suivantes, adressées vraisemblablement à l'évêque du diocèse de Rhétel :

1° L. aut. sig. de Tauton, curé à Rhétel; 6 avril 1700, 2 p. in-4.

Il se plaint d'avoir été dénoncé au Père Lachaise, par le Père Bonaventure, capucin, qu'il avait signalé lui-même comme «caressant et tâchant de corrompre des jeunes filles.»

2° L. aut. sig. de ce capucin, dans laquelle il avoue sa *faute* et se recommande à l'indulgence de Monseigneur; 2 p. in-4.

80. **CHAMILLART** (Et.), jésuite, savant numismate, né à Bourges.

L. aut. sig., 1 p. in-4.

81. **CHAMILLY** (Noël, m^is de), maréchal de France.

L. aut. sig. à Monseigneur...; La Rochelle, 14 février 1703, 1 p. in-4.

82. **CHARLES VII**, roi de France.

Ordre sig. sur papier, in-8 en travers.

83. **CHARLES VIII**, roi de France.

L. sig. sur papier; du bois de Vincennes, in-8 en travers.

84. **CHARLES IX**, roi de France.

L. sig. sur papier, au maréchal de Cossé; Paris, 28 août 1570, 1/2 p. in-fol.

85. **CHARLES-QUINT**, roi d'Espagne.

L. sig. avec la souscription aut., au roi Henri II; Bruxelles, 1548; 1 p. in-fol. *Pièce doublée.*

Recommandations en faveur de son cousin le prince d'Orange.

86. **CHARLES D'ARTOIS**, c^te d'Eu, pair de France, gouverneur de Paris, fait prisonnier à la bataille d'Azincourt.

Quitt. sig. sur vélin, 1422, in-8 en travers. Jolie pièce.

87. **CHARLES-EMMANUEL**, duc de Savoie, l'un des plus grands princes de sa maison.

1° L. sig., en italien, avec trois grandes lignes aut., au comte de La Motte; Suze, 18 juillet 1596, 1 p. in-fol.

Relative aux négociations de la paix entre lui et Henri IV.

2° L. sig. au duc de Lorraine; Turin, 28 octobre 1608, 1 p. in-fol., cachet. Jolie lettre.

88. **CHARPENTIER** (F^ois), littérateur et directeur perpétuel de l'Académie française.

L. aut. sig. à La Ménardière; Paris, 7 mai 1661, 2 p. pl. in-fol.

Nouvelles littéraires et de la cour. «L'Académie est presque déserte depuis que vous, et quelques autres illustres que la cour nous a enlevés, n'y venez plus.»

89. **CHARTES** des 14e et 15e siècles.

15 pièces sur vélin.

90. **CHIFFLET** (Pierre-F^ois), jésuite, érudit et historien, né à Besançon.

L. aut. sig.; Dijon, 17 février 1655, 1 p. pl. in-4.

91. **CHRESTIENNE DE FRANCE**, fille de Henri IV, duchesse de Savoie.

L. aut. à sa fille, Mme de Courtenay; Turin, 6 septembre 1659, 2 p. pl. in-4, cachet. *Jolie lettre.*

92. **CLÉMENT** (Dom F^ois), savant bénédictin, l'un des auteurs de l'*Art de vérifier les dates.*

1° L. aut. sig. à l'abbé Leqeux, 1 p. 1/2 in-4, cachet.

2° Quitt. de 4 lignes aut. sig., 1779.

93. **CLÉRAMBAULT** (Philip. de *Palluau*, c^te^ de), maréchal de France.

L. aut. sig. à D'Hozier; Paris, 6 décembre 1654, 1 p. pl. in-4, cachets et soies.

94. **COEUR** (Jacques), argentier de Charles VII.

Quitt. sig. sur vélin; 24 janvier 1447, in-4 en travers.

95. **COHORN** (le baron de), célèbre ingénieur, surnommé *le Vauban hollandais.*

L. aut. sig.; Namur 1697, 3 p. in-4. *Écornure, en tête, n'atteignant pas le texte.* Pièce militaire.

96. **COLBERT** (J. B.), célèbre ministre de Louis XIV.

L. aut. sig.; Paris, 14 janvier 1666, 1/2 p. in-4.

97. **COLINI** (Côme-Alexandre), savant italien, secrétaire de Voltaire.

L. aut. sig. *C.*, à Dupont, avocat à Colmar; Prangin 1755, 2 p. in-4.

Il lui annonce que l'on vient d'acheter une très-jolie maison de campagne, à un quart de lieue de Genève. « Des jardins délicieux, des bosquets, des jets d'eau, vont servir de tombeau à Henri IV, à Zaïre, à Charles XII, à Newton, à Mahomet, à César, à Louis XIV, à Samson, à Nanine, à Jeanne-d'Arc. Genève en est glorieuse.»

98. **CONDÉ** (Louis Ier, prince de), tué à Jarnac.

Ordre sig.; Champigny, 2 octobre 1565, 1/2 p. in-fol.

Françoise de Bourbon, épouse du précédent.

L. sig. à M. de Saint-Laurent, 1557, 3/4 de p. in-fol.

99. **CONDÉ** (Henri II, prince de), père du *Grand Condé.*

L. aut. sig., 3/4 de p. in-fol.

Relative à la capitulation d'une ville, qu'il accorde avec le comte de Saint-Paul.

100. **LE MÊME.**

1° L. aut. sig. à M. de Courtenay, 1 p. pl. in-4, cachets.

2° L. sig., avec la souscription aut., au même; 1 p. in-4, cachets et soies.

101. **CONDÉ** (Louis II, prince de), dit *le Grand.*

L. aut. sig., 3/4 de p. in-4. *Pièce montée.*

Envoi d'une lettre du ministre Letellier, qui y est jointe.

102. **LE MÊME.**

L. aut. sig. à son fils, 1/2 p. in-4, cachets et soies. *Doublée.*

103. **LE MÊME.**

1° L. sig., avec la souscription aut., à M. de Courtenay; Paris, 8 mars 1660, 1 p. in-4, cachets et soies.

2° Quitt. sig. sur vélin; 1647, in-4 en travers.

104. **CONRART** (Valentin), premier secrétaire perpétuel de l'Académie française.

L. aut. sig. à De La Reynie, conseiller d'État; Paris, 26 août 1687, 2 p. pl. in-4. *Légère déchirure n'atteignant pas le texte.*

Curieuse lettre, relative aux affaires du clergé de France.

105. **CONTI** (Marie-Anne de Bourbon, princesse de), fille de Louis XIV et de Mlle de Lavallière, célèbre par sa beauté.

L. aut. sig.; Paris, 1 p. in-8.

Recommandation en faveur d'une personne qui demandait le privilége de la vente des huîtres, vente qui était libre depuis un édit de 1711.

106. **CORNEILLE** (Thomas), poëte dramatique, de l'Académie française.

Quitt. sig. sur vélin; Paris, 30 juillet 1705, in-8.

107. **COSNAC** (Daniel de), évêque de Valence, puis archevêque d'Aix, auteur de *Mémoires*, né dans le Limousin.

L. aut. sig.; Aix, 27 septembre 1710, 2 p. in-4.

108. **COULANGES** (Ph. Em., m[is] de), conseiller au Parlement, cousin de Mme de Sévigné, chansonnier, l'un des beaux esprits du siècle de Louis XIV.

L. aut. sig.; 1er mars 1675, 4 p. 1/2 in-4.

Curieuse épître relative à sa femme, au Père Lachaise, et à la maladie de sa belle-mère, l'intendante de Lyon.

109. **LE MÊME.**

L. aut. sig., 4 p. in-4, relative au même sujet.

« Mme de Coulanges est d'une santé si délicate qu'il n'y a aucune apparence de la laisser aller loin dans cette saison..., Cependant, s'il arrivait malheur, elle partirait aussitôt... que dites vous du Père La Chaise, qui doit estre, dit-on, déclaré samedy prochain confesseur du Roi... »

110. **CROY** (Charles-Alex., duc de), guerrier du 16e siècle, surintendant des finances de Philippe III.

L. sig., avec la souscription aut.; Bruxelles, 1618, 1 p. in-fol., cachet.

111. **CUPER** (Gisbert), savant antiquaire, critique et historien.

1° L. aut. sig. à B. de Montfaucon; Deventer, 12 août 1709, 7 p. in-4.

Intéressante lettre, dans laquelle il le consulte relativement aux caractères et aux légendes que l'on trouve sur les vêtements des statues antiques.

2° Dissertation aut. relative au même sujet, 16 p. in-4.

112. **DAILLÉ** (Jean), ministre et écrivain protestant, né à Chatellerault.

L. aut. sig. à M. Petit; Paris, 17 octobre 1641, 1 p. pl. in-4, cachet.

113. **D'ALEMBERT** (J. *Lerond*), grand géomètre et philosophe, de l'Académie française.

Notice sur lui-même, à la troisième personne; manuscrit aut., 28 p. in-4.

114. **LE MÊME.**

1° *Aux mânes de Mlle de Lespinasse*, manuscrit aut.; 22 juillet 1776, 20 p. pet. in-4.

Pièce touchante, où d'Alembert, s'adressant aux mânes de son amie, rappelle toutes les circonstances de leurs amours, et les torts qu'ils ont pu avoir l'un envers l'autre.

2° *Sur la tombe de Mlle de Lespinasse*, manuscrit aut., suite du précédent; 2 septembre 1776, 23 p. pet. in-4.

Cette dernière partie se termine ainsi : « Tout ce qui fait le bonheur de la vie va me manquer à la fois, l'amour, l'amitié, la confiance, et il ne me restera que la vie pour me désoler ! Puisse-t-elle être terminée bientôt, et me rejoindre à tout ce que j'ai perdu ! »

115. **LE MÊME.**

Le joueur dans sa prison, essai de monologue dramatique; manuscrit de 14 p. 1/4 in-8, dont les trois premières p. seulement sont de la main de d'Alembert.

116. **LE MÊME.**

1° *Suite du voyage sentimental, chap. XV*; manuscrit aut., 13 p. 1/2 in-12.

L'auteur de ce manuscrit, suivant une note autogr. de D'Alembert qui y est jointe, est Mlle Lespinasse, qui a voulu faire une suite de Sterne. « Les connaisseurs verront, ajoute D'Alembert, avec quelle délicatesse elle y a réussi. Les faits qu'elle rapporte sont vrais, arrivés à

Mme Geoffrin, et méritaient d'être ajoutés aux éloges qu'on a publiés de cette femme respectable.»

2° *Chap. XVI. Que ce fut une bonne journée que celle des pots cassés?* Suite du manuscrit précédent, d'une main inconnue, 38 p. 1/2 in-12.

117. **DANES** (Pierre), évêque de Lavaur, précepteur de François II, illustre savant du 16e siècle.

Quitt. sig., 12 décembre 1554, 1/2 p. in-4. *Rare.*

118. **DANGEAU** (Ph. de Courcillon, mis de), auteur de *Mémoires*, de l'Académie française.

L. aut. sig. à d'Hozier; 30 décembre 1690, 1 p. pl. in-4, cachet. Relative à sa généalogie.

119. **DANTINE** (Dom M. Fois), savant bénédictin.

L. aut. sig.; Saint-Germain-des-Prés, 1728, 1 p. in-4.

120. **DELISLE** (Jh Nas), astronome et mathématicien, de l'Académie des sciences, fondateur de l'observatoire de Saint-Pétersbourg.

L. aut. sig.; Paris, 23 novembre 1725, 2 p. in-4. Scientifique et littéraire.

121. **DENIS** (Mme), nièce de Voltaire.

L. aut. à M. Dupont, avocat à Colmar; Les Délices, 26 janvier 1760, 3 p. in-4, cachet.

Elle lui fait un portrait peu flatté du caractère et du goût des Genevois, l'entretient de Colini, qui aime les femmes *comme un fou*, et devient d'un esprit tracassier. Les poésies du roi de Prusse viennent de paraître; on ne pourra pas dire que c'est Voltaire qui les a mises au jour. «C'est pour ce beau livre que nous avons essuié la scène de Francfort. Il y parle avec un très grand mépris de la religion crétiene, ce qui déplait fort à nos protestans genevois et suisse, qui le regardaient comme l'apôtre de leur croiance.»

122. **DESFONTAINES** (P. F. Guyot, abbé), célèbre critique, né à Rouen.

L. aut. sig. à Monseigneur...; Paris, 28 février 1732, 2 p. 1/2 in-4.

Epître plaisante, dans laquelle il demande le bénéfice du prieuré de l'hôpital de Thorigny, qui n'est que de 300 livres. «Quand un évêché est un peu faible de revenu, le Roi y joint ordinairement une petite abbaye, depuis que la pluralité des bénéfices est à la mode. Comme je ne suis point Janséniste, je goute fort cette mode, et je reunirai volontiers en ma Personne, comme le Cardinal Mazarin, 3 évêchés et 17 abbayes....»

123. **DEVIENNE** (J. B. d'*Agneaux*), bénédictin, historien du Bordelais et de l'Artois.

L. aut. sig. au chapitre de la Congrégation de Saint-Maur; Chateaugontier, 1765, 3 p. in-4.

Relative à une avanie qui lui a été faite dans cette ville, où il est accusé d'avoir eu des relations avec la fille du bedeau. A cette curieuse lettre est jointe une copie de la décision du supérieur général, qui est d'avis d'étouffer l'affaire, afin d'éviter le scandale que produirait la révélation de faits trop avérés.

124. **DIANE DE POITIERS**, duchesse de Valentinois, maîtresse de Henri II.

L. aut. sig. au cardinal de Lorraine; 11 mars 1557, 2 p. pl. in-fol. *Très-rare.* Pièce montée, mais en très-bon état.

125. **DIANE DE FRANCE**, duchesse d'Angoulême, fille de Henri II et de Diane de Poitiers.

1° L. aut. sig. au roi; 1 p. in-fol. *Belle pièce.*

Recommandations pressantes en faveur de M. de Vantadour.

2° Quitt. sig. sur vélin; 9 janv. 1569, cachet.

126. **DIVERS.** Cinq lettres.

Beauharnais (Eugène), vice-roi d'Italie. L. sig. à Napoléon,

3 p. in-fol. — BOURBON (L. J. M. de), duc de Penthièvre. L. aut. sig., 1778, 1 p. in-4. — BOURBON (L. F. J. de), prince de Conti. 1781, 1 p. in-4. — HOZIER (d'), généalogiste. L. aut. sig.; 1701, 1 p. in-4. — LAMOIGNON-BASVILLE. L. aut. sig.; 1708, 1 p. in-4.

127. **DORTOUS DE MAIRAN** (J. J.), physicien, mathématicien et littérateur, de l'Académie des sciences, né à Béziers.

L. aut. sig.; Paris, 22 décembre 1735, 1 p. in-4.

128. **DU CANGE** (Ch. DUFRESNE, sieur), célèbre historien et philologue, né à Amiens.

L. aut. sig. à B. de Montfaucon, 3/4 de p. in-8.

129. **DUCHESNE** (André), l'un des plus savants historiens français, né en Touraine.

L. aut. sig. à d'Hozier; Paris, 2 septembre 1630, 3 p. in-fol., cachet.

130. **DUNOIS** (Jean), grand capitaine de Charles VII.

Quitt. sig. *le Bastard d'Orleans*; 8 décembre 1438, pièce sur vélin, in-4 en travers. Conservation parfaite.

131. **LE MÊME.**

Quitt. sig. *Jehan*, sur vélin; 16 septembre 1466, in-4 en travers.

132. **DUPRAT** (Ant.), cardinal, chancelier de France.

Pièce sig. sur vélin; Fontainebleau, 1529, in-fol. en travers.

133. **LE MÊME.**

Pièce sig. sur vélin; 18 juin 1529, in-fol. en travers.

134. **DUPUY** (Jacques), bibliothécaire du roi.

Billet de 8 lignes aut. sig. à d'Hozier; 15 août 1655, in-8 en travers.

135. **ECKHART** (J. G.), savant historien allemand.

L. aut. sig., en latin; Hanovre, 13 octobre 1720, 3 p. in-8.

136. **ERNEST**, archiduc d'Autriche, gouverneur des Pays-Bas, prétendant à la couronne de France pendant la Ligue.

L. sig. au marquis...; Bruxelles, 6 septembre 1594, 1/2 p. in-fol.

137. **ERUDITS.** Quatre lettres aut. sig.

BIGOT (Emery). 1672, 2 p. in-8. — MAGLIABECCHI (Ant.). En italien; Florence, 1700, 2 p. in-4. — SCHOEPFLIN (Jean-Daniel). Strasbourg, 1729, 2 p. in-4. — WETSTEIN (Henri). Amsterd., 1699, 1 p. in-8.

138. **ESPERNON** (Louis de *Nogaret de La Valette*, duc d'), favori de Henri III.

L. aut. sig. au comte de Montrésor; Toulouse, 3 juillet 1647, 1 p. pl. in-4, cachet. *Pièce doublée.*

139. **ESTRÉES** (César, c^al^ d'), ambassadeur, de l'Académie française.

2 l. aut. sig.; 25 octobre 1706, 4 p. pet. in-4.

140. **ESTRÉES** (Catherine-Henriette d'), fille légitimée de Henri IV et de Gabrielle d'Estrées, épouse du duc d'Elbeuf.

L. aut. sig. au marquis d'Arabon, gouverneur d'Artois; de la maison de Mouchy, 23 novembre, 1 p. in-fol.

141. **EULER** (Léonard), illustre géomètre.
L. aut. sig.; 21 mai 1735, 1 p. in-4.

142. **LE MÊME.**
L. aut. sig. à M. Delisle, 1 p. in-4, cachet.
Demande de renseignements pour concourir sur la question proposée par l'Académie des sciences concernant la construction du cabestan.

143. **LE MÊME.**
L. aut. sig. au même, 1 p. in-4.
Réponse sur une question d'algèbre.

144. **EXPILLY** (Claude), premier président au Parlement de Grenoble, écrivain dauphinois, né à Voiron.
L. aut. sig. à d'Hozier; Grenoble, 19 octobre 1625, 1 p. pl. in-fol., cachet. *Conservation parfaite.*

145. **FABRICIUS** (Jean-Albert), laborieux et savant bibliographe.
L. aut. sig., en latin, 1/2 p. in-4.

146. **FAGON** (Guy), premier médecin de Louis XIV.
Ordonnance de médecine aut. sig., 2 p. in-4.

147. **FANGÉ** (Augustin), bénédictin, né près de Verdun.
L. aut. sig. à M. de Moulon; Senones, 1762, 1 p. in-4.

148. **FARNESE** (Alexandre), un des plus grands capitaines du 16e siècle.
L. sig. *André* (abréviation d'*Alexandre*), à son cousin...; Bruxelles, 2 octobre 1591, 1/4 de p. in-fol.
Relative à une députation qui lui a été envoyée de l'*Artois*.

149. **FÉNELON**, illustre archevêque de Cambrai.
1° L. aut. sig.; Cambrai, 28 mars (1702), 1 p. in-4.
Envoi de la pièce suivante.
2° *Réponse de l'archevêque de Cambrai au mémoire de M. l'évêque de Saint-Omer*, pièce avec quelques légères corrections aut., 94 p. in-4.

150. **LE MÊME.**
L. aut. sig.; Cambrai, 14 mars 1702, 6 p. 1/2 in-4.
Relative aux débats existants entre lui et l'évêque de Saint-Omer, sur la juridiction ecclésiastique de leurs diocèses respectifs.

151. **LE MÊME.**
L. aut. sig. *L'abbé de Fénelon*, (à Mabillon); Versailles, 28 janvier..., 1 p. 3/4 in-4.
Il exprime ses regrets sur la mort récente de Dom Michel Germain.

152. **FÉNELON** (Gab. Jacq. de Salignac, mis de), lieutenant-général, ambassadeur en Hollande.
L. aut. sig.; à La Haye, ce 20 novembre (1731), 12 p. pl. in-4.
Très-curieuse missive relative à la *lettre de M. de Saint-André contre l'histoire de l'église de Meaux* par le Père Duplessis, et à laquelle celui-ci a répondu. Dans cette pièce se trouvent de curieux détails sur Mme Guion; il y est aussi question de Bossuet et de l'archevêque de Cambrai.

153. **FLÉCHIER** (Esprit), célèbre évêque de Nîmes, de l'Académie française.
L. aut. sig.; Nîmes, 1er juillet 1709, 2 p. pet. in-8.
Curieuse lettre relative aux troubles du Vivarais, que Roquelaure et Bâville sont chargés de réprimer. Les rebelles eussent été promptement dispersés, sans la trahison des Suisses, qui refusèrent de tirer sur eux.

154. **LE MÊME.**
L. aut. sig.; Nîmes, 17 mai 1709, 1 p. 1/2 in-8.
Il attend les nouvelles que M. de Torcy apportera de la paix; tout le

monde la désire, et la misère des temps ne permet pas de continuer la guerre. « Je ne sais comment tous les bleds de la dernière récolte ont disparu tout d'un coup. la disette est partout, et les grains aussi bien que l'argent sont très rares. les Peuples sont fort consternés en ce pays comme ailleurs.... »

155. LE MÊME.

L. aut. sig.; Nîmes, 17 octobre 1709, 2 p. in-8.

Relative à la bataille de Malplaquet, et à la nécessité qu'il y avait alors pour la France de conclure la paix. La récolte a été assez bonne, le pain n'a pas manqué et les pauvres même ont vécu. « Cependant tous nos bénéfices sont ruinés, le commerce est interrompu, l'argent ne circule plus, les banqueroutes sont fréquentes, et si la paix ne vient bientôt à notre secours tout ira mal. »

156. FLEURY (Claude), historien ecclésiastique, de l'Académie française.

L. aut. sig.; Argenteuil, 4 juin 1720, 1 p. pl. in-8.

157. LE MÊME.

L. aut. sig. à Mabillon; Paris, 9 septembre 1705, 1 p. in-4, cachet bien conservé. Très-jolie lettre.

158. FLEURY (Hercule de), cardinal, premier ministre de Louis XV.

L. aut. sig., 3 p. in-4.

159. FOLARD (Jean-Charles, chevalier de), célèbre tacticien, surnommé *le Végèce français*, né à Avignon.

L. aut. sig. à S. Altesse...; Mantoue, 16 février 1707, 7 p. in-4. *Rare.*

Belle et intéressante lettre dans laquelle il donne de grands détails sur la défense de la place de Modène, qui s'est rendue à des forces inférieures, reddition qu'il attribue à la trahison de MM. de Bar et Chibert; il offre de le prouver.

160. LE MÊME.

1° Fragment aut. du manuscrit d'un de ses ouvrages, avec ratures et corrections, 11 p. 1/2 in-fol.

2° Trois feuillets des épreuves de son *Commentaire sur Polybe*, avec quelques corrections autographes.

161. FONTANINI (Juste), savant antiquaire et critique italien.

L. aut. sig., en italien; Rome, 1710, 3 p. in-4.

Zaccagni (Laurent), bibliothécaire du Vatican.

L. aut. sig., en italien, à Dom. Estiennot; 1687, 1 p. in-4, avec la réponse aut. sig. d'Estiennot, au *verso*.

162. FOUQUET (Nicolas), illustre surintendant des finances.

L. aut. à Le Tellier, 9 p. pl. in-4.

Lettre du plus haut intérêt, écrite de la prison de Pignerol, pour être communiquée à Louis XIV. Il s'étonne d'abord de se voir persécuté, lui qui n'a cessé de rendre des services au roi, et qui est resté inébranlable au milieu des troubles de la minorité, pendant que les fauteurs de ces troubles sont en repos et comblés d'honneurs. A la fin de 1654, Le Tellier et le Cardinal restant court, sans pouvoir trouver un sol, lui, Fouquet, sauva les finances du royaume, soit par ses propres avances, soit par les engagements de ses amis. Mazarin avait l'art de ne jamais se compromettre en matière d'argent; il n'approuvait qu'après le succès. — Fouquet avoue avoir commis des fautes; mais le roi les lui avait pardonnées; et, d'ailleurs, les services rendus l'emportent de beaucoup. On l'a dépouillé de tout, et il doit plus de 12 millions. Il demande, pour toute grâce, qu'on lui laisse finir ses jours dans une méchante chaumière qu'il a au fond de la Bretagne, et qui n'est même pas encore payée. Qu'a-t-on à craindre? Ni lui ni ses amis ne veulent ni ne peuvent troubler le nouvel établissement. — Cette importante pièce se termine ainsi : « Je supplie encor une fois monsieur Le Tellier de vouloir me faire la grace de lire à une heure de loisir au roy tout ce gros volume, l'affaire est plus importante que beaucoup d'autres où il donne plus de temps, et de faire faire reflexion à S. M., sur plusieurs choses qui y sont considérables, et lui dire que je le conjure de me faire la mesme misericorde qu'il desire que Dieu lui fasse un jour. »

163. **LE MÊME.**

L. aut. au même, 4 p. pl. in-4.

Fort curieuse lettre, écrite également de Pignerol, et dans laquelle on voit combien Fouquet était surveillé dans sa prison. On lui refusait même un confesseur. Il en demande un, comme une grâce, car, atteint d'une fièvre quarte opiniâtre, il peut, d'un moment à l'autre, succomber ou perdre la raison, et la distance est longue du lieu où il est à Paris. Il ne prendra aucun repos qu'il ne se soit mis bien avec Dieu. Il a de *grands comptes à lui rendre*, mêlé qu'il a été à des affaires délicates dans des temps fâcheux. Il lui faut donc un prêtre capable, avec lequel il puisse résoudre beaucoup de questions. M. Joly lui conviendrait; mais, s'il n'est pas agréé, qu'on permette à sa mère d'en choisir un autre, qu'elle amènera avec elle: ce lui serait une double consolation. La reine-mère, qui la connaît, répondrait d'elle. On peut être assuré qu'elle ne se chargerait d'aucune lettre ni commission pour lui. «Après cela, je ne vois pas ce qu'il peut y avoir de suspect.»

164. **FRANÇOIS Ier**, roi de France.

L. sig. sur papier, à M. de Boissy; 21 juillet (1544), 1 p. in-fol. *Pièce doublée.*

165. **FRANÇOIS DE VALOIS**, duc d'Alençon, fils de Henri II et de Catherine de Médicis.

L. sig., avec la souscription aut., à M. de Tavannes; Paris, 22 mars 1570, 1/2 p. in-fol.

166. **FRÉDÉRIC V**, électeur palatin, célèbre roi de Bohême.

L. sig. au duc de Lorraine; 10 octobre 1719, 3 p. in-fol., cachet.

Relative à sa récente élection comme roi de Bohême, et aux réformes qu'il se propose d'introduire dans son royaume.

167. **GALIANI** (l'abbé Ferdinand), littérateur et économiste, célèbre par ses liaisons avec les philosophes du 18e siècle.

L. aut. à d'Alembert; Naples, 23 septembre 1773, 4 p. pl. in-4.

Charmante épître, pétillante d'esprit, en réponse à une lettre où d'Alembert lui recommande M. de La Borde. — «Si vous voyiez comme je me rengorge en disant nonchalamment dans nos compagnies: Je viens de recevoir une lettre de d'Alembert, que je tire à moitié de ma poche, et laisse retomber sans en faire la lecture, à cause d'un certain petit briccone qu'il y a dedans, qui n'est pas pour tout le monde. Sur cela, grand discours sur d'Alembert, grands étonnements lorsque je dis qu'il est petit de taille, pantomime, et polisson au possible.....» — Il parle ensuite des Jésuites, de l'affaire La Chalotais, des Templiers, de l'Académie française et de Mademoiselle Lespinasse, dont il se rappelle la chienne et le perroquet, grand diseur de sottises. «Saint Antoine aimait le cochon, et Baronius soutient que ce cochon lui était très-attaché, lui sautait au cou, et faisait maintes autres gentillesses par amour: Soyez mon saint Antoine. Adieu. Aimez-moi. Raccomodez-moi avec mon cher abbé Morellet. Il a pris, dans une de mes lettres, une franchise d'amitié pour une insulte.»

168. **GAUBIL** (Antoine), savant jésuite, missionnaire, interprète de l'empereur de la Chine, né en Languedoc.

L. aut. sig.; Pékin, 22 novembre 1750, 2 p. in-4.

169. **GIÉ** (Pierre, vicomte de Rohan, connu sous le nom de maréchal de), grand capitaine du 15e siècle, né en Bretagne.

L. aut. sig. au roi de Sicile, duc d'Anjou et de Touraine; 6 août (1403), 1 p. in-fol. *Conservation parfaite.*

Lettre d'un véritable intérêt historique, sur la descente que les Anglais se préparaient à faire en Bretagne, pour se venger du secours donné par la France aux Gallois révoltés.

Rohan (Ch. de), seigneur de Guise, fils du précédent.

Reçu sig. sur vélin; 21 mai 1511.

170. **GILLOT** (Jacques), l'un des auteurs de la *Satyre Ménippée*.

L. aut. sig. à Casaubon, 1 p. pl. in-fol.

171. **GMELIN** (J. G.), botaniste allemand.

L. aut. sig.; 3 juin 1746, 1 p. in-4.

172. **GODEFROY** (Jacques), jurisconsulte célèbre, auquel on doit *le Code Théodosien*.

L. aut. sig., en latin, à Samuel Petit; 1642, 1 p. in-fol.

173. **GRÆVIUS** (Jean-George), critique habile et célèbre antiquaire.

L. aut. sig., en latin, à Eusèbe Renaudot; 30 novembre 1690, 3 p. in-4. Scientifique.

174. **GRAMMONT** (Ant. Daure Ier, vicomte de), gouverneur de la Navarre et du Béarn, maire de Bayonne.

L. aut. sig. à Charles IX: Bidache, 26 mai 1564, 1 p. 1/2 in-fol.

Il recommande au Roi une députation des habitants de Bayonne, qui ont commencé un chemin à l'aide d'une cotisation et qui ne peuvent le continuer faute de ressources.

Grammont (Ant. II de), maire de Bayonne, souverain de Bidache et vice-roi de Navarre.

Reçu aut. sig.; Lens, 22 mai 1587, 1/2 p. in-fol.

175. **GRAVEURS** du siècle de Louis XIV. Sept pièces signées sur vélin.

Audran (Gérard), 1693. — Baudet (Etienne), 2 pièces, 1696. — Chollet (Jean), 1706. — Dauvilliers (Jean), 1705. — Huret (Grégoire), 1669. — Lesueur (Vincent), 1708.

176. **GRIGNAN** (Fr. Adhémar, cte de), lieutenant-général de Provence, gendre de Mme de Sévigné.

L. aut. sig.; Marseille, 17 août 1710, 3 p. in-4. *Belle lettre.*

177. **GRONOVIUS** (J. Fréd.), célèbre critique et humaniste.

L. aut. sig., en latin, à Samuel Petit; 1639, 1 p. in-fol. cachet.

178. **GROTIUS** (Hugues), auteur du *Droit de la paix et de la guerre*.

L. aut. sig., en latin, à Samuel Petit, professeur à Nîmes; Hambourg, 9 avril 1633, 1/2 p. in-fol., cachet.

179. **GUICHENON** (Samuel), historien de la Bresse et de la Savoie.

L. aut. sig. à d'Hozier; Bourg, 1699, 3 p. pl. in-4, cachet.

180. **GUILLAUME III**, prince d'Orange, roi d'Angleterre.

L. aut. sig. *W. R.*: à Richemond, 11 mars 1695, 4 p. pl. in-4.

Belle lettre, toute relative aux opérations militaires d'Espagne et de Piémont.

181. **LE MÊME.**

L. aut. sig.; Kenhington, 17 février 1696, 2 p. 1/4 in 4.

Lettre militaire.

182. **GUISE** (Claude de Lorraine, comte d'Aumalle et duc de), grand-veneur de France, tué au siége de La Rochelle en 1573.

Pièce sig. sur vélin, 1540, in-fol. en travers.

183. **GUISE** (Charles de), plus connu sous le nom de Cardinal de Lorraine, l'un des principaux moteurs des guerres civiles de France.

L. sig., avec 4 lignes aut., au duc de Guise; Paris, 8 janvier 1557, 1 p. pl. in-fol., cachet. *Pièce doublée.*

Il part lundi, en poste, avec le roi, pour gagner Beauvais. « La nouvelle que nous avons eue de l'honneste composition que vous avez faite à ceux de Calais a tant contenté et donné de plaisir à nostre maistre et à toute la compagnie que peu ou point en a-t-il reçue de telle depuis qu'il a la couronne sur la teste.»

184. **LE MÊME.**

L. sig., avec la souscription aut., à M. le connétable; Rome, 3 avril 1550, 1 p. in-fol. *Pièce doublée.*

Relative aux grandes démonstrations d'allégresse qui ont eu lieu à Rome à l'occasion «du traité de paix avec les Anglais, reddition de Boulogne et des forts qu'ils tenaient tant deçà qu'en Escosse.»

185. **GUISE** (Louis III de LORRAINE, cardinal de), archevêque de Reims.

L. aut. sig.; Soissons, 11 avril, 1 p. pl. in-fol.

186. **GUISE** (Charles de LORRAINE, duc de), que les États de Paris proposèrent de déclarer roi de France.

L. sig. à Henri IV, avec la souscription aut.; Marseille, 3 novembre 1597, 1 p. pl. in-fol.

Il demande avec instance des galères pour la défense des côtes, et rend compte d'un combat où il a failli s'emparer de la personne de Charles Doria.

187. **GUISE** (Henri de Lorraine, duc de), dit *le Balafré*.

L. aut. sig., 1 p. pl. in-fol. *Jolie lettre.*

188. **GUISE** (Henri de LORRAINE, duc de), chef de la révolution de Naples.

L. sig., avec la souscription aut., à S. Altesse...; Tours, 20 septembre 1619, 1 p. in-fol., cachet.

Recommandation en faveur de deux Pères Cordeliers qui font la quête pour la réparation du Saint-Sépulcre.

189. **HARDOUIN DE PÉRÉFIXE**, archevêque de Paris, historien, de l'Académie française.

L. aut. sig. à l'abbesse de Port-Royal-des-Champs; Paris, 3 août 1669, 1 p pl. in-4, enveloppe et cachet.

190. **LE MÊME.**

L. aut. sig. à Sœur Marie-Dorothée de l'Incarnation, 1 p. 1/2 in-4, à la suite d'une lettre de la précédente.

191. **LE MÊME.**

L. aut. sig. à M. d'Hozier, 1659, 3 p. in-fol., cachets et soies.

192. **HARLAY DE CHANVALON** (François), archevêque de Paris.

L. aut. sig., 1 p. in-4.

193. **HEINSIUS** (Antoine), grand pensionnaire de Hollande, ennemi constant de Louis XIV.

L. aut. sig., en français; La Haye, 4 janvier 1695, 4 p. in-4. *Belle pièce politique.*

194. **HENRI II**, roi de France.

L. aut. sig. à M. de Guise, 1 p. pl. in-fol. *Pièce doublée, mais en bon état.*

Il y est question du duc d'Albe et du cardinal Carafe.

195. **HENRI IV**, roi de France.

L. aut. sig. à M. Delbène; Monceaux (1609), 1 p. pl. in-fol. *Pièce doublée.*

Ayant remis à sa charge le duc de Vendôme, auquel le médecin a recommandé les eaux, il entend que le duc suive les prescriptions du docteur, et cesse d'aller à la chasse. «C'est à vous à me repondre de ses actions.»

196. **LE MÊME.**

L. de 7 lignes aut. sig. à M. de Fresnes; 11 juin, devant Amiens, 1/2 p. in-4.

197. **LE MÊME.**

L. sig. et contresig. *Revol*, (au duc de Piney-Luxembourg); Meaux, 6 janvier 1594, 6 bandes de papier, contenant 12 p. d'une écriture fine et serrée, mais lisible.

Importante dépêche confidentielle, écrite dans une forme insolite, et destinée à être transportée secrètement. Elle est entièrement inédite. Le personnage auquel elle est adressée, était l'ambassadeur de la noblesse de France à la cour de Rome pendant les troubles de la ligue. Voici une analyse succincte de cette pièce :

Henri IV remercie l'ambassadeur d'avoir supporté patiemment les avanies qu'on lui a faites sous le nom du pape. « Si vous y avez de la peine.... vous avez au moins ceste consolation que c'est pour une bonne cause..., le jugement universel sera en vostre faveur. » Il croit que Sa Sainteté a l'intention bonne ; mais sa liberté et son bon naturel sont tyrannisés par ceux qui, sous prétexte de la religion catholique, abusent le monde pour assouvir leur convoitise. Il trouve fort bonne la résolution de l'ambassadeur de ne quitter la place avant qu'on ne l'en fasse chasser. Les prélats (sans doute les envoyés particuliers de Henri IV), de leur côté, ont bien fait, pour la dignité du clergé de France et la sienne propre, de refuser de communiquer avec tout autre qu'avec le pape lui-même. Il faut prendre le Saint-Père par la douceur, l'assurer que le Roi sera toujours fidèle à la profession et promesse qu'il a faites à sa réception en l'Église, mais qu'il importe de se presser, car il ne peut plus retarder son sacre, ni l'institution des prélatures, réclamée pour le service divin. D'ailleurs, sa vie est exposée, soit par les hasards de la guerre, soit par des assassinats projetés contre sa personne, et il a besoin de *participer à la sainte communion de nostre Seigneur Commun.* « Je m'en suis abstenu et abstiens encore pour son respect, et pour attendre que sa Benediction precedast. » — Le comte de Brissac et Zamet sont venus le trouver à Saint-Denis, de la part de Mayenne, pour obtenir une prolongation de la trêve. Bien qu'il sût que l'intention de Mayenne n'était que de gagner du temps pour se rendre à Lyon, il leur a accordé le délai qui leur serait nécessaire pour consulter le pape. Mayenne n'a rien répondu, et a remis des troupes en campagne, lesquelles ont été battues par Lanoue. Il s'est rendu à Meaux, à la sollicitation des habitants, qui se sont soumis, en demandant qu'il n'y eût dans le royaume d'autre religion que la catholique, condition qu'il n'a pu leur accorder.

198. **HENRI D'ALBRET**, roi de Navarre, père de Henri IV.

L. sig., avec la souscription aut., au cardinal de Lorraine; Pau, 28 décembre 1549, 1 p. in-fol., cachet. *Pièce doublée, mais en parfaite conservation.*

199. **HERMANT** (Godefroy), théologien, né à Beauvais.

L. aut. sig. au R. P. Beauvais, 1671, 1 p. in-4.
Relative à des manuscrits de saint Augustin.

200. **HOTTINGUER** (Jean-Henri), savant orientaliste et théologien protestant.

L. aut. sig., en latin, à Samuel Petit, 1 p. 1/4 in-fol., cachet.
Épître érudite sur la Bible.

201. **HUET** (Daniel), évêque d'Avranches, de l'Académie française.

L. aut. sig.; Aunay, 10 juillet 1683, 2 p. in-4.

202. **HUME** (David), illustre philosophe et historien anglais.

L. aut. sig.; Lisle, Street-Leicester-Fields, 1766, 2 p. in-4. *Intéressante.*

203. **IMPRIMEURS** et relieur.

Anisson, imprimeur de Lyon. L. aut. sig., 3 p. in-4. — Cramoisy (Sébastien-*Mabre*), imprimeur du roi. 1° L. aut. sig., 1687, 2 p. in-4. 2° Quitt. sig. sur vélin, 1679. — Derome, habile relieur. Arrêté de compte et acquit sig., avec 6 lignes aut., pour reliures faites par ordre de la Commune de Paris; 21 mai 1790, 1 p. 1/2 in-4. Cette pièce est sig. aussi par les administrateurs *Trudon* et *Santerre*.

204. **ISABELLE**, reine de Hongrie, fille de Sigismond, roi de Pologne, et épouse de Jean Zapol.
L. sig., en latin, à M. de La Vigne; 10 février 1558, 1 p. in-fol., cachet. *Belle pièce.*

205. **ISABELLE D'AUTRICHE** (Claire-Eugénie), fille de Philippe II, gouvernante des Pays-Bas.
L. aut. sig., en espagnol, au duc de Brunswick; Bruxelles, 25 avril 1609, 1 p. pl. in-fol. *Légèrement tachée.*

206. **ITALIENS.** 34 lettres ou pièces aut. sig. ou sig. des suivants:
Bentivoglio (Guido). — Colonna (Prosper), 1728. — Doria (le cardinal), 1589. — Est (Étienne d'), 1486. — Est (Francisque d'), 1580. — Farnèse (Ranuccio), 1591. — Ferrare (le duc de), 1580. — Grimaldi (Octavien de), 1537. — Mantoue (la duchesse de), 1607. — Sacchini (François), 1589. — Savoie (René de), 1567. — Sforce (Marie), 1557. — Strozzi (Pierre), 1554. — Strozzi (François), 1601. — Strozzi (Charles), 1572. — Ventura (Comes), 1654, etc.

207. **JACQUES II**, roi d'Angleterre.
L. sig., avec la souscription aut., à l'archevêque de Paris; Saint-Germain, 4 juin 1697, 1 p. in-fol., cachet.
Il le prie de protéger la communauté des ecclésiastiques et étudiants irlandais, qui a servi à former de bons missionnaires pour l'Irlande.
Marie-Éléonore d'Est, femme du précédent.
L. sig.; Saint-Germain, 2 janvier 1703, 1 p. in-4.

208. **JUAN D'AUTRICHE** (Don), fils naturel de Charles-Quint, grand capitaine, vainqueur à Lepante.
L. s., en allemand, au duc de Brunswick; 2 février 1578, 1 p. in-fol., cachet bien conservé. *Belle lettre.*

209. **JUSTEL** (Christophe), un des plus savants hommes de son temps.
L. aut. sig. à M. Petit, de Nimes; Paris 1630, 1 p. in-4.

210. **KOSCIUSKO** (Thadée), illustre chef de la révolution polonaise.
L. aut. sig.; 1er thermidor, 1 p. in-4.
Relative à la vente de son terrain sur l'Oio, en Amérique.

211. **LABOUREUR** (Claude Le), prévôt et historien de l'abbaye de l'Ile-Barbe, près Lyon.
L. aut. sig. à M. Charpentier, de l'Académie française; ce 5 août, 3 p. pl. in-4, cachet.
Il le remercie de l'envoi de sa *Cyropédie*, et entre avec lui dans des détails d'érudition relatifs à la généalogie et au blason.

212. **LA FAYETTE** (Marie-Magdeleine Pioche, comtesse de), auteur de *la princesse de Clèves.*
L. aut. sig. à d'Hozier; 8 septembre 1686, 2 p. 1/4 pet. in-8.

213. **LA GARDE** (le baron Escalin des Aymars de), premier général des galères de France, célèbre par sa cruauté dans les massacres de Cabrières et de Mérindol, né en Dauphiné.
Quitt. sig. sur vélin, 23 juin 1572.

214. **LA MARE** (Philibert de), savant littérateur, né à Dijon.
L. aut. sig., en latin, à Samuel Petit; Dijon, 5 mars 1642, 1 p. in-fol., cachets et soies.

215. **LAMY** (Dom Fr.), savant bénédictin, né près de Chartres.
L. aut. sig. à M. Chatelier, 2 p. in-4.

216. **LE MÊME.**

L. aut. sig. à Mme de Caumartin, 3 p. in-4, cachet.

217. **LA MONNOYE** (Bernard de), auteur des *Noëls bourguignons*, de l'Académie française.

L. aut. sig.; Paris, 15 décembre 1711, 2 p. 1/4 in-8.

Curieuse dissertation sur différentes éditions des *Contes de Bonaventure Despériers.*

218. **LANCELOT** (Ant.), historien, de l'Académie des inscriptions.

L. aut. sig.; 23 juillet 1730, 1 p. in-4.

219. **LA ROCHEFOUCAULD** (Fois III, cte de), écuyer, favori de Charles IX, victime de la Saint-Barthélemy.

Quitt. sig. sur vélin; Paris, 10 février 1562, in-8 en travers, cachet.

La Rochefoucauld (Charles de), grand-sénéchal de Guyenne, lieutenant-général.

Quittance sig. sur vélin; au château de Meillan, 1561, in-4 en travers, cachet.

220. **LA RUE** (Charles de), jésuite, poëte latin.

L. aut. sig. à Dom Guillaume Leseur; Paris, 20 juillet 1737, 2 p. 3/4 in-4.

Lettre remplie de détails sur la maladie et la fin prochaine du cardinal de Bissi.

221. **LAVALLETTE** (Louis de Nogaret, cardinal de), qui s'attacha à la fortune de Richelieu, et fut surnommé *le cardinal-Valet.*

L. sig., avec 7 lignes aut., à l'intendant des finances de Lorraine; au camp de Château-Salins, 15 novembre 1635, 1 p. in-fol., cachet.

222. **LEBEUF** (Jean), chanoine d'Auxerre, savant historien de la France.

L. aut. sig. à Dom Rivet; Paris, 16 mai 1747, 3 p. pl. in-4, cachet.

Relative à divers ouvrages, et à son *Histoire du diocèse de Paris*, dont il ne peut encore commencer la publication.

223. **LEBRUN** (Charles), célèbre peintre de Louis XIV.

Reçu de 3 lignes aut. sig., à Audran, de 25 épreuves de 4 grandes estampes; 7 décembre 1677.

224. **LE CLERC** (Jean), théologien, et l'un des plus célèbres critiques du 17e siècle.

L. aut. sig. à M. Papin; Amsterdam, 9 mars 1684, 3 p. pl. in-4.

Belle lettre toute scientifique. Quelques mots enlevés par la rupture du cachet.

225. **LECT** (Jacques), en latin Lectius, savant jurisconsulte, élève de Cujas, et diplomate.

L. aut. sig., en latin, à Casaubon; 1598, 1 p. in-4.

226. **LEIBNIZ** (God. Guil.), illustre philosophe.

L. aut. sig.; Hanovre, 15 avril 1709, 2 p. in-8.

227. **LE MÊME.**

L. aut. sig.; Hanovre, 26 décembre 1709, 4 p. in-8, *Nouvelles littéraires.*

228. **LE MÊME.**
L. sig., avec la souscription aut.; Hanovre, 13 février 1712, 1 p. pl. in-4.
Lettre philosophique et littéraire, où il parle de ses recherches sur l'origine des Gaulois.

229. **LENAIN DE TILLEMONT** (Sébastien), historien ecclésiastique.
L. aut. sig. à M. Vuillard, 1 p. 1/2 in-8, cachet.
Relative à l'exécution des fleurons et vignettes de son ouvrage sur l'empire romain.

230. **LE MÊME.**
L. aut. sig. à M. Nully, chanoine de Beauvais, 2 p. in-8, cachet.
Relative à des recherches sur sainte Anne et saint Mairu.

231. **LE MÊME.**
L. sig. à sa nièce, 26 février 1694, 3 p. in-4.

232. **LENGLET-DUFRESNOY** (Nicolas), savant chronologiste, né à Beauvais.
L. aut. sig.; Paris, 2 janvier 1752, 2 p. in-4.
Renfermé à la Bastille, il demande la permission d'aller à la messe et de pouvoir s'occuper de quelque travail afin de tempérer l'excès de sa solitude. « Laissez vous toucher par mon grand âge, qui tourne à sa fin, pour m'accorder quelques-uns de ces adoucissements qui seront permis »

233. **LENOURRY** (N.), bénédictin.
L. aut. sig. à Dom de Vic; 1711, 2 p. in-4.
Patert (Dom), bibliothécaire de Saint-Germain-des-Prés.
L. aut. sig.; Paris, 1774, 3 p. in-4.

234. **LÉOPOLD I**er, empereur d'Allemagne.
1° L. aut. sig., 1 p. 1/2 in-fol.
2° Pièce sig.; 1696, 1 p. 1/2 in-fol., cachet bien conservé.

235. **LEQUIEN** (Michel), savant dominicain, né à Boulogne-sur-Mer.
L. aut. sig. à Madame...; Paris, 18 octobre (1722), 2 p. in-4.
Il demande la restitution d'un exemplaire de *Joseph*, grec latin, qu'il faisait venir d'Angleterre et qu'on a retenu à la douane de Calais.

236. **LESDIGUIÈRES** (F^ois^ de Bonne, duc de), connétable de France, illustre capitaine du 16e siècle.
L. aut. sig. au roi Henri IV; Grenoble, 12 août 1601, 1 p. pet. in-fol.
Il lui envoie le sieur de Saint-Jullien, pour lui faire savoir ce qui est de Montélimar, et, tout allant bien du côté de la Savoie et de Barcelone, il demande un congé de deux mois, afin de pouvoir aller régler quelques affaires particulières à Villemur.

237. **LETELLIER** (Michel), jésuite, confesseur de Louis XIV.
L. aut. sig.; Paris, 6 juillet 1710, 1 p. in-8.

238. **LETELLIER** (Ch. Maurice), archevêque de Reims, frère de Louvois.
1° L. aut. sig. à son neveu; Berchen, près d'Oudenarde, 10 juin 1698, 2 p. in-4.
2° Sermon aut., 21 p. in-4.

239. **LHOPITAL** (Michel de), illustre chancelier de France.
L. aut. sig., en latin, à M. de Malassis, conseiller du roi; janvier 1571, 1 p. 3/4 in-fol. *Belle lettre.*

240. **LITTÉRATEURS** et érudits. Quatre l. aut. sig.
Brossette (Claude). Lyon, 1714, 2 p. in-4. — Schlegel (Aug. Guill.), 1 p. in-8. — Sellis; 1784, 3/4 de p. in-4, cachet. — Visconti (E. Q.), 1 p. in-8.

241. **LONGEPIERRE** (Hilaire de), poète dramatique, né à Dijon.

L. aut. sign. à S. Alt. Séréniss...; Oultz, 16 septembre 1706, 2 p. pl. in-4.

Relative à la levée du siége de Turin, le 7 septembre, et à la bravoure du duc d'Orléans, qui eut repoussé les ennemis (commandés par le prince Eugène), sans les fautes d'autrui (le maréchal Marsin). Le duc «a fait des miracles de sa personne.... Il est ici depuis hier, où il souffre beaucoup de ses blessures, et encore plus de l'esprit.»

242. **LE MÊME.**

L. aut. sig.; Longepierre, 6 octobre, 2 p. pl. in-4.

Envoi de deux exemplaires de son *Théocrite*, et nouvelles de l'Académie. «On m'a écrit la mort de M. de Vivonne, et que ce seigneur laissait une place vacante à l'Académie. Je vous prie de me mander si on la donnera devant le vingtième de novembre et si elle regarde Fontenelle... Je serais vraiment fâché si cet orgueilleux petit normand emportait par ses brigues une place qu'il croit appartenir de droit à son mérite ...»

243. **LONGUEVILLE** (Anne-Geneviève de Bourbon, duchesse de), célèbre frondeuse.

L. aut. à la Révérende Mère Agnès; Paris, ce jour de Tous les Saints, 6 p. 1/2 in-4, cachet.

On l'accuse injustement de sacrifier, de concert avec son père et son second fils, les intérêts de sa famille. «..... Les fautes que j'ay faites en voulant reparer celles de mes enfants sont sans nombre, et j'ay si mal fait, de bonnes choses, que je ne puis m'empescher de voir clairement devant Dieu, qu'elles sont devenues tres mauvaises.... Pries Dieu pour moi qu'il reforme le fond de mon cœur, car, s'il ne me fait cette grace, toute ma vie ne sera qu'une vraie hypocrisie.»

244. **LORRAINE** (Charles IV de), prince de Vaudemont, qui fit à Louis XIV la cession de ses États, en 1661.

L. aut. sig. à M. d'Hozier. (14 janvier 1670), 3 p. in-4, cachets et soies. *Jolie lettre.*

245. **LORRAINE** (Charles V, duc de), neveu du précédent.

1° L. aut. sig., 1667, 1 p. pl. in-4, cachet.

2° L. aut. sig., en italien, 2 p. in-4.

246. **LORRAINE** (princes de la maison de). Quatre pièces sig. sur vélin.

Aumale (François, duc d'), 1549. — Calabre (Antoine, duc de), 1528. — Mayenne (Charles, duc de), 1593. — Mercœur (Philippe-Emmanuel, duc de), 1583.

247. **LORRAINE** (princes de la maison de). Six lettres.

Charles. L. aut. sig. à sa sœur la duchesse de Brunswick, 1 p. in-fol., cachet. — François. 2 l. aut. sig. à la même, 2 p. in-fol., cachet. *Une de ces lettres est tachée.* — Charles (le prince); 1715, 1 p. in-4. — Charles-Henri. L. sig.; Mantoue, 1706, 1 p. in-4. — Léopold. L. aut. sig.; Lunéville, 1719, 2 p. in-4.

248. **LORRAINE** (princesses de la maison de). Treize lettres ou pièces.

Anne. Pièce sig., 1600, 1 p. in-fol. — Catherine, duchesse de Montpensier. Pièce sig. sur vélin, 1604. — Catherine de Joyeuse. L. sig., 1625, 1 p. in-fol. — Charlotte d'Armagnac. 8 l. sig., 1752-53, 12 p. in-4. — Marguerite. 3/4 de p. in-fol. Thérèse, légitimée d'Elbeuf. Quitt. sig. sur vélin, 1710.

249. **LORRAINE** (princesses de la maison de). Neuf l. aut. sig.

Béatrix. 1 p. pl. in-4, cachets et soies. — Chrestienne. 1 p. pl. in-fol. — Elisabeth-Charlotte. Lunéville, 1713, 3 p. in-4. — La duchesse de Lorraine. 2 p. in-4, cachets et soies. — Marguerite, duchesse de Bar; 1606, 1 p. in-fol., cachet.

— Marguerite. 1 p. in-4, cachet. — Marie, demoiselle de Guise. 1 p. in-4, cachets et soies. — Nicole. 1 p. in-4, cachets et soies. — Renée. L. aut. sig. à son frère le duc de Lorraine, 1 p. in-fol., cachet.

250. **LOUIS XI**, roi de France.

L. sig. sur papier, aux conseillers de la Chambre des comptes; au Plessis, le 17 décembre, 1 p. pl. in-fol.

Il ordonne que des recherches soient faites à la chambre des comptes, afin de savoir quels sont ses droits sur les comtés de Roussillon et de Sardaigne, à cause de la succession de la reine Iolande, son aïeule.

251. **LE MÊME.**

Ordre sig. sur papier, 1 p. in-8 en travers.

252. **LOUIS XIV**, roi de France.

L. aut. sig.; Marly, 5 novembre 1708, 1 p. pl. in-4.

253. **LE MÊME.**

L. aut. sig.; ce vendredi 14 septembre 1708, 2 p. 3/4 in-4.

« Je suis plus fâché que vous, s'il est possible, de tout ce que vous me mandez tant de l'Etat où sont les ennemis que de ce que vous me dites de mon armée. Pour châtier il faut savoir les plus coupables et connaître la vérité de leur faute.... Vous verrez par ce que je mande à Chamillart que je me remets entièrement au duc de Bourgogne et à vous de tous les partis que vous pourrez prendre, surtout ne perdez pas de temps.... »

254. **LE MÊME.**

L. sig. (écrite par le président Roze) à l'archevêque de Reims; Versailles, 23 avril 1691, 1 p. in-4, cachets et soies.

Relative aux prières à faire pour rendre grâces à Dieu de la prise de Mons.

255. **LE MÊME.**

8 dépêches en chiffres, avec la traduction, adressées à M. de Callières, ambassadeur en Hollande, du 23 octobre au 6 décembre 1696, 44 p. gr. in-fol.

Toutes ces dépêches, signées et contresignées Colbert, sont des instructions secrètes relatives aux préliminaires de la paix de Riswick.

256. **LOUIS**, dit *le grand Dauphin*, fils unique de Louis XIV.

L. aut. sig.; Versailles, 2 septembre 1697, 2 p. pl. in-8.

257. **LE MÊME.**

L. aut. sig.; camp de Courtray, 28 août 1694, 3 p. 1/4 in-8. Détails militaires.

258. **LOUISE DE SAVOIE**, mère de François Ier.

L. sig., avec la souscription aut., à M. le général de Beaune; Amboise, le 11 août, 1 p. in-4 en travers.

259. **LOUISE DE LORRAINE**, reine de France, femme de Henri III.

L. aut. sig. à la duchesse...; de Fontainebleau, 2 p. pl. in-fol.

260. **LOUVOIS** (Camille *Le Tellier*, abbé de), bibliothécaire du roi, de l'Académie française.

L. aut. sig.; Reims, 2 mai 1707, 2 p. pl. in-4. *Jolie lettre.*

261. **LE MÊME.**

L. aut. sig.; Reims, 1705, 3 p. in-4.

262. **LULLY** (J. B.), célèbre compositeur.

Quitt. sig. sur vélin, de 150 livres, pour un quartier de ses gages comme *compositeur de la musique de la chambre du roi*; 5 octobre 1688, 1 p. in-4 en travers.

263. **LUXEMBOURG-SAINT-PAUL** (Louis de), archevêque de Rouen, partisan des Anglais, chancelier de Henri VI,

qu'il couronna comme roi de France, et pour lequel il défendit la Bastille contre Charles VII.

Quitt. sig. sur vélin; 21 août 1437, in-fol. en travers.

264. **MABILLON** (Jean), illustre bénédictin.

L. aut. sig. à M. Marquette, à Laon; 3 p. pl. in-4.

265. **LE MÊME.**

L. aut. sig. à François Lemoine, prieur de l'abbaye de Saint-Thiery, près Reims; 12 novembre 1672, 3 p. pl. in-4. *Belle lettre.*

266. **LE MÊME.**

L. aut. sig. à Bern. Audibert; 6 juin 1672, 2 p. in-4.

267. **LE MÊME.**

L. aut. sig. au R. P. Procureur, à Rome; 18 août 1704, 3 p. in-8.

Jolie lettre, où il est question de sa *Diplomatique.*

268. **MABILLON** (Jean) et Germain (Michel), bénédictins.

Passe-port à eux délivré par Robert Gravel, ambassadeur de Louis XIV en Suisse; Bade, 23 juillet 1683, in-fol. en travers, cachet.

Prière à toutes les personnes auxquelles ils pourront s'adresser, de les favoriser de toute assistance, «dans le louable dessein qu'ils ont formé de voyager pour tâcher de découvrir des manuscrits ou autres livres rares qui se rencontreront dans les célèbres bibliothèques d'Allemagne, afin d'en pouvoir enrichir, par leur doctrine et leur travail, la république des lettres....»

269. **MAINE** (L. Aug. de Bourbon, duc du), fils de Louis XIV et de Mme de Montespan.

L. aut. sig.; Versailles, 8 octobre 1694, 2 p. 1/4 in fol. *Belle pièce.*

270. **MANSFELD** (Pierre-Ernest, cte de), prince de l'empire, gouverneur d'Avesnes, de Luxembourg et de Bruxelles, fait prisonnier à la bataille d'Ivoi.

L. aut. sig.; Bruxelles, 23 août 1593, 1 p. in-fol. Détails militaires.

271. **MARAN** (Dom Prudent), savant bénédictin, né à Sézanne.

L. aut. sig. à Monseigneur...; aux Blancs-Manteaux, 30 janvier 1739, 2 p. pl. in-4.

Dissertation sur la manière dont les diverses sectes ont envisagé le Saint-Esprit.

272. **MARANA** (Jean-Paul), historien italien, auteur de l'*Espion turc.*

Pièce sig., avec 3 lignes 1/2 aut.; Paris, 28 septembre 1686, 1 p. in-fol., avec une p. aut. de notes au dos.

Promesse de supprimer du manuscrit de l'*Espion turc* certains passages censurés par Charpentier, par ordre du chancelier.

273. **MARÉCHAUX DE FRANCE.** Dix lettres sig.

Berwick, 1712, 1/2 p. in-fol. — Besons, 2 pièces, 1715. — Chateaurenault, 1713, 1 p. 1/2 in-4. — Créquy, 1 p. in-4. — Joyeuse, 1709, 1 p. 1/2 in-4. — La Mark (Robert de), 1558, 1 p. in-fol. — Montrevel, 1713, 2 p. 1/2 in-fol. — Villars, 1713, 2 p. in-fol. — Villeroi, 1723, 1 p. 1/2 in-fol.

274. **MARÉCHAUX DE FRANCE.** Quinze pièces sig. sur vélin.

Amboise (Ch. d'), 1510. — Biron (A. de *Gontaut*, duc de), 1570. — Caracciolo, prince de Melphe, 1540. — Cossé-Brissac (Ch.), 1550. — Créquy, 1684. — Duras, 1700. — Gassion, 1646. — Joyeuse (Guill. et Anne de), 1683-87. —

La Mark (Robert de), 1534. — Montmorency (Anne et François), 1557-69. — Nemours (P. de Rohan, duc de), 1504. — Turenne, 1658.

275. **MARÉCHAUX DE FRANCE.** Six lettres ou pièces sig.

Alègre (Yves d'), 1729, 1 p. 1/2 in-fol. — Créquy (Fr. de), pièce sig. sur vélin, 1671, in-8. — Lauzun (le duc de), pièce sig. sur vélin, 1706, in-8. — Lévis, 1784, 1 p. in-4. — Noailles (le duc de), l. sig. avec 11 lignes aut.; Gironne, 1711, 3 p. in-fol. — Schomberg (Ch. de), l. sig. et sig. aussi de Caumont-Laforce; camp de Vic, 1631, 1 p. in-fol.

276. **MARÉCHAUX DE FRANCE.** Sept lettres sig.

Caumont-Laforce. L. sig., avec la souscription aut., 1635, 1 p. in-fol. — Estrées (d'). Nantes, 1692, 2 p. in-4. — Montrevel. Bordeaux, 1710, 2 p. 1/2 in-4. — Roger de Bellegarde. Paris, 1626, 1/2 p. in-fol. — Schomberg (Charles de). L. sig., avec la souscription aut.; Paris, 1627, 1 p. in-fol. Noailles (le duc de). Versailles, 1 p. 1/2 in-8. — Villars. Paris, 1723, 1 p. 1/2 in-fol.

277. **MARÉCHAUX DE FRANCE.** Quatre l. aut. sig.

Chateaurenault. Rennes, 1712, 1 p. in-4. — Montmorency-Luxembourg, 2 p. in-4. — Roquelaure. Montpellier, 1713, 1 p. in-4. — Tessé. Milan, 1 p. in-fol.

278. **MARÉCHAUX DE FRANCE.** Quatre l. aut. sig.

Maillebois. Paris, 1716, 3 p. in-4. — Marcin. Naples, 3 mai 1702, 6 p. in-4. — Montesquiou. Camp de Noyelle, 1712, 2 p. 1/4 in-4. — Tallard. Haguenau, 1703, 2 p. in-4.

279. **MARÉCHAUX DE FRANCE.** Onze lettres sig.

Augereau, an VIII, 2 p. in-4. — Gouvion-Saint-Cyr, 1 p. in-fol. — Kellermann, 3 l. sig. — Lauriston, 1813, 3/4 de p. in-4. — Maison, 1 p. in-4. — Soult, 1 p. in-fol. — Suchet, 2 l., 1 p. in-fol. — Victor, 1807, 1 p. in-fol.

280. **MARIE DE MÉDICIS**, reine de France.

L. sig., avec la souscription aut., à son neveu le duc de Lorraine; Gand, 15 mai 1633, 1 p. in-fol., cachet.

281. **MARIE**, impératrice d'Allemagne, femme de Ferdinand III.

L. sig., en espagnol, avec 5 grandes lignes aut., au comte d'Onate; Vienne, 22 juillet 1643, 1 p. pl. in-fol.

282. **MARIE DE CLÈVES**, duchesse d'Orléans, mère de Louis XII.

Pièce sig. sur vélin; Blois, 13 juin 1489, in-4 en travers.

283. **MARIE-LOUISE DE SAVOIE**, reine d'Espagne, première femme de Philippe V.

L. aut. sig.; Victoria, 13 décembre 1710, 2 p. 1/4 in-4. *Belle lettre.*

284. **MARGUERITE DE FRANCE**, fille de François Ier, épouse de Philibert-Emmanuel de Savoie, protectrice des lettres.

L. sig., terminée par 7 grandes lignes aut., à M. Dauvilliers, ambassadeur; Paris, 1557, 1 p. in-fol., cachet. *Très-jolie lettre.*

285. MASCARON (Jules), évêque de Tulle, de l'Académie française.

L. aut. sig. à Mlle de Scudéry; Agen, 1681, 2 p. pl. in-8, cachet.

Il a lu les ouvrages qu'elle lui a envoyés, et les a trouvés plus beaux à la seconde lecture qu'à la première. Il n'y a point de morale plus belle que celle qu'elle enseigne, détachée des aventures amoureuses qui peuvent éveiller les passions. « Je vous assure, mademoiselle, que ce devrait estre le breviaire de ceux qui doivent vivre dans le grand monde.... »

286. MAZARIN (le cardinal de), illustre ministre.

L. aut. sig. au surintendant des finances; La Fère, 26 juillet 1656, 2 p. in-4, cachets. Détails militaires.

287. MENDEZ (Alvaro), gentilhomme portugais.

12 pièces sur vélin, de 1575 à 1578, relatives au remboursement, sur les 600,000 livres par an accordées à Charles IX par le clergé en 1572, de la somme de 378,000 livres, prêtée par Alvaro Mendez au roi, peu avant son décès (mai 1574), « pour subvenir à ses urgentes et pressées affaires, mesme pour satisfaire aux frais de la guerre. » Trois de ces pièces sont signées de Henri III.

288. MESNARS (le président de), bibliophile distingué, acquéreur de la bibliothèque de de Thou.

L. aut. sig.; Paris, 23 août 1707, 2 p. in-4.

289. MEZERAY (Fois Eudes de), historien célèbre.

L. aut. sig. à Sanson, géographe; 1664, 2 p. in-4.

Il lui demande l'explication, en français, de divers noms des anciennes provinces de France. La réponse, autographe, de Sanson, est en marge.

290. LE MÊME.

Quitt. sig. sur vélin; 2 janvier 1667, in-8 en travers.

291. MILLOT (l'abbé), historien, de l'Académie française.

Liste, par ordre alphabétique, des locutions vicieuses de la Comté, pièce aut., 4 p. pet. in-4.

292. MINISTRES. Trois lettres sig.

Arnauld de Pomponne. A l'archevêque de Reims; Dunkerque, 27 avril 1677, 1 p. in-fol. — Desmaretz. 1707, 3 p. in-fol. — Louvois. 1 p. 1/4 in-fol.

293. MINISTRES. Six l. aut. sig.

Barbésieux. 1 p. in-4. — Brienne (le comte de). Paris, 1786, 1 p. in-8. — D'Argenson (M. R). Paris, 1698, 1 p. in-8, cachet. — Lamoignon (Chrétien-François II de). Basville, 1 p. in-8. — Lepelletier-des-Forts. 1713, 3 p. in-4. — Le Tellier. 1 p. 1/2 in-4.

294. MINISTRES. Cinq l. aut. sig.

Machault, 1786, 1 p. in-4. — Meaupou, 1765, 1/2 p. in-4. — Miromesnil, 1782, 3/4 de p. in-4. — Pontchartrain, 1738, 1 p. in-4. — Puysieulx, 1750, 1 p. 1/2 in-4.

295. MINISTRES ET CONSEILLERS D'ÉTAT. Cinq pièces sig. sur vélin.

Birague (René de), 1578. — Marillac (Michel de), 1669. — Molé (Mathieu), 2 pièces, 1635. — Olivier (Jean), 1587.

296. MONTALFONSE (capitulation originale pour la reddition de).

Pièce sig. par *Goffard*, brigadier des armées françaises, et le marquis de *Litta*, colonel autrichien; 21 février 1707, 9 p. in-fol., 2 cachets.

297. **MONTFAUCON** (Bernard de), savant bénédictin, né en Languedoc.

L. aut. sig. à Monseigneur...; 3 septembre 1733, 2 p. in-4.
Relative à son projet de donner « les catalogues entiers, ou de longs extraits des catalogues de presque toutes les bibliothèques de l'Europe. »

298. **LE MÊME.**

L. aut. sig. au prieur de Saint-Denis; 17 septembre 1738, 1 p. gr. in-8.

299. **LE MÊME.**

L. aut. sig. à Dom Calmet; Paris, 9 octobre 1735, 2 p. in-4.
Jolie lettre, relative à son ouvrage *Bibliotheca bibliothecarum M. scriptorum nova.*

300. **MONTLUC** (Blaise de), maréchal de France, fameux par ses cruautés envers les protestants.

L. sig. aux capitouls de la ville de Limoges, 1 p. in-fol.

301. **MONTMAUR** (Pierre de), jésuite, écrivain satirique et fameux parasite, dont Salleugre a publié l'*Histoire*.

Sa signature (mise deux fois) sur le titre d'un livre, avec ces mots aut. : *Quid scimus? Quid sumus? Quid possumus?*

302. **MONTPENSIER** (Anne-Marie-Louise d'*Orléans*, duchesse de), auteur de *Mémoires*.

L. aut. sig. à d'Hozier; Paris, 20 mai 1688, 1 p. in-4.

303. **MORERI** (Louis), auteur du *Dictionnaire historique* qui porte son nom.

L. aut. sig. à d'Hozier, 1679, 1 p. 1/2 in-8, cachet.

304. **MULLER** (Gérard-Frédéric), savant voyageur et historien de la Russie.

L. aut. sig.; Pétersbourg, 19 décembre 1744, 8 p. in-4.
Toute relative à l'histoire de Russie.

305. **MURAT-BEY**, général des mers de Barbarie, sous l'empereur *Amurat III*.

2 l. en français, écrites par un secrétaire, au bas desquelles il a apposé son cachet, à Henri IV; Marseille, 27 et 29 juillet 1597, 3 p. in-fol. Pièces historiques.
Le grand Seigneur, son maître, ayant appris que les Florentins menaçaient de se rendre maîtres des îles du roi, l'envoie auprès de lui, avec des galères, pour coopérer avec les Français à la défense des dites îles.

306. **MURATORI** (L. Ant.), célèbre historien et antiquaire italien.

L. aut. sig., en italien; Modène, 1709, 2 p. pet. in-8. Nouvelles littéraires.

307. **NEMOURS** (Jacques de Savoie, duc de), l'un des plus grands capitaines du 16e siècle.

Quitt. sig. sur vélin; 19 décembre 1557, in-4 en travers.

308. **NESMOND** (Henri de), archevêque d'Albi, de l'Académie française.

L. aut. sig.; Albi, 18 août, 2 p. in-4.
Relative aux archives du chapitre d'Albi.

309. **NICAISE** (Claude), savant antiquaire, né à Dijon.

L. aut. sig. à Dom Estiennot; Dijon, 1696, 3 p. pl. in-4.

310. **NICOLE** (Pierre), l'un des plus illustres écrivains de Port-Royal, né à Chartres.

Quitt. sig. sur vélin; 5 janvier 1678, in-8 en travers.

311. **NICOT** (Jean), ambassadeur de François II, connu pour avoir importé en France le tabac, qui prit le nom de *Nicotiane*.

Quitt. aut. sig. sur vélin; Paris, 26 janvier 1580, in-8 en travers.

312. **NOAILLES** (L. Ant. de), cardinal, de l'Académie française.

L. sig., avec 5 lignes aut. au bas; Paris, 1700, 2 p. in-4.

313. **NOBLESSE FRANÇAISE.** 155 pièces, du 15e au 17e siècle.

L. ou pièces aut. sig. ou seulement sig., sur papier ou sur vélin, de personnages appartenant aux familles suivantes: Beauveau, Balzac, Biron, Brézé, Chabot, Coligny, Colbert, Elbeuf, Gouffier, La Roche-Aymon, La Rochefoucauld, Maintenon, Montmorency, Noailles, Rohan, de Thou, etc.

314. **ORLÉANS** (Henri Ier d'), marquis de Rothelin, gouverneur de Reims.

L. aut. sig.; Paris, ce 9 octobre, 1 p. pl. in-fol., cachet.

315. **ORLÉANS** (Philippe, duc d'), régent de France.

L. aut. sig.; Versailles, 2 septembre 1703, 1 p. 1/2 in-4. *Piquée d'humidité en tête.*

316. **LE MÊME.**

L. sig.; Guastalla, 14 août 1706, 4 p. in-fol. Belle pièce, relative à ses opérations militaires en Italie.

317. **ORLÉANS** (Louis, duc d'), fils du régent, abbé de Sainte-Geneviève.

L. aut. sig.; Sainte-Geneviève, 10 octobre 1746, 3 p. in-4. Envoi de notes sur la Genèse.

318. **ORLÉANS** (Louise-Adélaïde d'), fille du régent, abbesse de Chelles.

L. aut. sig., 1726, 1 p. in-4.

319. **ORLÉANS** (Charlotte-Elisabeth de Bavière, duchesse d'), mère du régent.

L. aut. sig. à son neveu, le duc de Vendôme; Marly, 11 mai 1711, 1 p. in-4, cachet bien conservé. Relative à la mort du Dauphin.

320. **ORLÉANS** (Marie d'), épouse de Gaston, mère de Mlle de *Montpensier*.

L. aut. sig. à sa sœur; Coulomiers, 11 mai, 3 p. in-4. Réponse à une lettre où sa sœur l'engage à pardonner à tous les ennemis de leur maison. « Il y en a tant et nous avons reçu tant d'offenses que le conseil ne paraît pas être plus de saison... »

321. **ORLÉANS** (maison d'). Cinq pièces.

Longueville (Louis Ier, duc de). Pièce sig. sur vélin, 1513. — Catherine-Angélique, abbesse de Maubuisson. Pièce sig. sur vélin, 1660, cachet. — Longueville (Marie, duchesse de). Pièce sig. sur vélin, 1687. — Orléans (la duchesse d'). L. aut. sig., 1693, 1 p. in-4. *Mauvais état.* — Orléans (L. Ph. d'). L. sig., 1782, 3/4 de p. in-4.

322. **ORVILLE** (Jacques-Ph. d'), littérateur et antiquaire.

L. aut. sig. au R. Père...; 9 juin 1729, 1 p. pl. in-4.

323. **OUDINET** (Marc-Ant.), antiquaire, numismate, garde des médailles du cabinet de Louis XIV, né à Reims.

Quitt. sig. sur vélin, 1700, in-8.

324. **PATIN** (Guy), médecin, célèbre par son savoir et son esprit satirique.

Quitt. sig. sur vélin, 1651, in-8.

325. **PATIN** (Robert), professeur de médecine au collége de France.

L. aut. sig. à Falconet, médecin; Paris, 20 octobre 1665, 7 p. in-4.

Toute relative aux eaux de Vichy.

FALCONET (André), médecin, né dans le Forez.

L. aut. sig., 4 p. pl. in-4.

326. **PAVILLON** (Étienne), poëte, de l'Académie française.

L. aut. sig. au R. Père..., 1 p. pet. in-8. *Rare.*

327. **PAVILLON** (Nicolas), évêque d'Alet, coopérateur de saint Vincent de Paul dans ses œuvres de bienfaisance.

L. aut. sig. à des religieuses; Pézénas, 1669, 3 p. pl. in-4.

328. **PEINTRES** du siècle de Louis XIV. Six quittances sig. sur vélin.

BON BOULLONGNE, COYPEL (Ant.), DESPORTES (Franç.), LARGILLIÈRE (Nic. de), LENAIN (Matthieu) et MONNOYER (J. B).

329. **PEINTRES** du siècle de Louis XIV. Seize quittances sig. sur vélin.

BAILLY (Nic. et Jacques), BELIN (Claude), BON BOULLONGNE, BETTET (Jean), DEMESNIL (L. Mich.), GUÉRIN (Nic.), HÉRAULT (Charles), HOUASSE (René-Ant.), LEMOYNE (Jean), MASSON (Richard), MARTIN (Christophe), PAUL (André), PEYRON (Claude), VERDIER (Franç.).

330. **PEINTRES** du siècle de Louis XIV. Sept quittances sig. sur vélin.

BAILLY (Jacques), BELLE (Simon), BON BOULLONGNE, HÉRAULT (Charles), HOUASSE (Ant.-René), LARGILLIÈRE (Nic. de), VERDIER (Franç.).

331. **PEIRESC** (Nas Cl. FABRI de), savant illustre.

L. aut. sig. au professeur Petit; Aix, 20 septembre 1632, 1 p. pl. in-fol., cachets. Belle lettre.

332. **LE MÊME.**

L. aut. sig. au même; Aix, 3 avril 1635, 1 p. in-4, cachets.

333. **PEREZ** (Don Antoine), célèbre ministre de Philippe II.

L. aut. sig. de son paraphe, en espagnol, à l'infante Dona Isabelle; 1 p. 1/4 in-fol. *Belle lettre.*

334. **PERRAULT** (Charles), contrôleur des bâtiments du roi, auteur des *Contes*, de l'Académie française.

Quitt. sig. sur vélin; 10 juillet 1700, in-8.

335. **PERROT D'ABLANCOURT** (Nicolas), traducteur, de l'Académie française, né à Châlons-sur-Marne.

L. aut. sig.; Ablancourt, 20 décembre, 1 p. pl. in-4. *Rare.*

336. **PHILIPPE II**, roi d'Espagne.

L. sig. au duc de Brunswick; Madrid, 6 mars 1562, 1 p. gr. in-fol. en travers, cachet. *Une déchirure au milieu, enlevant quatre mots.*

337. **LE MÊME.**

1° L. sig. au même; Madrid, 12 octobre 1561, 1 p. gr. in-fol.

2° Projet de lettre, avec 8 lignes aut.; 27 décembre 1574, 1 p. in-fol.

338. **PHILIPPE V**, roi d'Espagne.

L. aut. sig. à son cousin...; Madrid, 5 septembre 1710, 1 p. pl. in-4. *Jolie lettre.*

339. **LE MÊME.**

1° L. aut. sig.; 16 janvier 1711, 1 p. 1/2 in-4.

Intéressante. Relative aux affaires d'Espagne.

2° *Relation de tout ce qui a eu lieu à l'occasion de l'arrivée de Philippe V à Milan et de son retour à sa cour.* Manuscrit du 18e siècle, en espagnol, 33 p. in-fol.

340. **PHILIPPE D'ORLÉANS**, frère unique de Louis XIV.

L. aut. sig. à l'archevêque de Reims; 18 juillet 1691, 1 p. in-4, cachet.

341. **POSTEL** (Guillaume), illustre savant, regardé par François Ier comme la *Merveille de son siècle.*

L. sig. au cardinal de Lorraine, avec la souscription aut.; Paris, 18 octobre 1559, 3 p. in-fol., cachet.

Intéressante pièce, relative à un projet ayant pour but d'arrêter l'accaparement des monnaies de France par les étrangers. « Le roy d'Espaigne a gaigné en troys ans de seize à dix sept cens mil escus à faire tyrer et convertir les monnoyes de France aux siennes, sans le prouffict que les marchans qui faisaient ce traffic pour luy y ont faict... »

342. **PRÉLATS FRANÇAIS ET ÉTRANGERS** des 17e et 18e siècles. 45 lettres ou pièces sig. ou aut. sig.

343. **QUERINI** (Angelo-Maria), savant cardinal.

L. aut. sig.; Brescia, 26 avril 1731, 1 p. pl. in-4.

Relative à son édition de *saint Ephrem.*

344. **QUESNEL** (Pasquier), oratorien, célèbre controversiste.

L. aut. sig. à Madame..., 2 p. in-8.

345. **QUINAULT** (Philippe), poëte lyrique, de l'Académie française.

Quitt. sig. sur vélin; 14 décembre 1680, in-8 en travers.

Quitt. sig. sur vélin; 1669, in-8.

346. **RANCÉ** (Arm. Jean Le Bouthillier de), réformateur de la Trappe.

L. sig. à Madame...; 1677, 3 p. in-8, *Curieuse.*

347. **LE MÊME.**

L. sig. à Madame...; 2 décembre 1677, 2 p. 1/4 in-4. Jolie lettre.

348. **LE MÊME.**

L. sig. à Madame...; 8 octobre 1691, 4 p. in-4.

Relative à la mort de la Mère Agnès. « Il est très vrai qu'elle avait des qualités extraordinaires; c'est un vuide pour moi, car je vous avoue qu'en toutes rencontres je recevais des marques de sa bonté; il faut la suivre, et travailler à se rendre digne d'aller où elle est, et de participer au bonheur dont elle jouit... »

349. **LE MÊME.**

L. sig. au R. Père...; 1680, 2 p. in-4, cachet.

Conseils à un prieur dont les religieux se laissent emporter à des murmures. « Je ne crois pas que l'esprit de Dieu se trouve dans un cloistre où l'on murmure, et parmi des moines qui ne rendent pas à leur supérieur une obéissance aussy entière et aussy étendue que la règle ordonne qu'on lui rende.... Dieu jugera le murmure avec autant de sévérité que le blasphème. »

350. **RELAND** (Adrien), savant orientaliste, antiquaire et philosophe.

L. aut. sig., en latin, à l'abbé Bignon; 1714, 2 p. in-4.

351. **RENAUDOT** (l'abbé Eusèbe), savant écrivain ecclésiastique, de l'Académie française.

L. aut. sig.; 1713, 1 p. in-8.

352. **RETZ** (J. F. Paul de Gondy, cardinal de), célèbre par le rôle qu'il joua pendant la Fronde, auteur de *Mémoires*.

L. sig., avec la souscription aut., 3 p. in-fol.

Belle et importante lettre, écrite de l'exil, dans laquelle il se justifie et fait au roi une soumission très-humble.

353. **RIBAILLIER** (l'abbé Ambroise), célèbre par ses démêlés avec les jansénistes et les philosophes du 18e siècle.

L. sig.; Paris, 1773, 3 p. in-4.

Curieuse lettre, écrite en qualité de censeur, et dans laquelle il rend compte de la *Dissertation sur la religion de Montaigne par Dom de Vienne*. Celui-ci « prouve par plusieurs traits de la vie de Montaigne... que ce philosophe était convaincu de la vérité de la religion chrétienne, et que c'est mal à propos que les incrédules veulent le ranger dans leur classe... »

354. **RICHELIEU** (A. Jean *Duplessis*, cardinal de), illustre ministre de Louis XIII.

L. sig. à M. Lefebvre; Château-Thierry, 20 mai 1635, 1 p. pl. in-fol., cachets et soies.

355. **LE MÊME.**

L. sig. à M. Duplessis; de la Sauzay, ce 28 au soir, 1/2 p. in-4.

356. **RIVET** (André), ministre et écrivain protestant, né à Saint-Maixent (Deux-Sèvres).

L. aut. sig. au pasteur Petit; La Haye, 29 mars 1638, 1 p. in-4.

357. **ROHAN** (Hercule de), duc de Montbazon, grand-veneur de France.

1° L. aut. sig. à M. Charpentier, 1 p. pl. in-fol., cachet.

2° Quitt. sig. sur vélin; 1616, in-4 en travers.

358. **ROHAULT** (Jacques), physicien cartésien, né à Amiens.

L. aut. sig. au Père Poisson; Paris, 1671, 1 p. in-4.

Relative au livre du P. Poisson, *Remarques sur la méthode de Descartes*.

359. **ROIS DE FRANCE.** Quatre pièces.

Charles IX. L. sig. sur papier, 1/2 p. in-fol. — Henri III. 2 pièces sig. sur vélin; 1580. — Louis XIII. L. sig. sur papier; 1634, 1/2 p. in-fol.

360. **ROUSSEAU** (J. J.), notre illustre polygraphe.

L. aut. sig. à Malesherbes; Paris, 11 novembre (1771), 3 p. in-4.

Toute relative à la botanique. Il avait d'abord pensé, pour augmenter ses ressources, d'entremêler son travail sédentaire et ennuyeux de copie d'une occupation plus à son goût, en travaillant à des herbiers pour plusieurs personnes, mais les Français ont de si fausses idées de la botanique, qu'il renonce à cette ressource, et se bornera à réunir une collection pour Malesherbes. Il cherche à l'affermir dans la résolution qu'il a prise de se livrer à l'herborisation. « Quand, après avoir offert à son pays le tribut de son zèle, on le voit inutile, il est bien permis alors de vivre pour soi-même et de se contenter d'être heureux. »

2° L. sig. de Malesherbes à J. J. Rousseau, en réponse à la précédente; Malesherbes, 2 janvier 1772, 4 p. in-4.

Toute consacrée à la botanique.

Plus : Copie d'une lettre de Malesherbes au même; 1er novembre, 2 p. in-4.

Dossier intéressant.

361. **LE MÊME.**

1° *Épître au vicaire de Marcoussis* (de L'Estang). Pièce de vers aut.; 1749, 4 p. pl. pet. in-fol.

Cette épître, composée de 138 vers, se recommande plus par l'originalité que par la richesse de la rime. Rousseau s'y élève contre Paris et la société qu'on y trouve, annonce au vicaire qu'il va le visiter dans son asile, et le prie d'en exclure tout convive fâcheux :

Point de ces gens que Dieu confonde,
De ces sots dont Paris abonde
Et qu'on y nomme beaux esprits,
Vendeurs de fumée à tout prix
Au riche faquin qui les gâte.
. . . .
Point de richard, point de canaille;
Point, surtout, de cette racaille
Que l'on appelle grands seigneurs,
Frippons, sans probité, sans mœurs.

2° L. aut. sig. de de L'Estang, ancien vicaire de Marcoussis, alors curé de Bretigny, près Montlhéry, à Mme Duchesne, libraire, 1779, 1 p. 1/2 in-12.

Il lui envoie la pièce précédente, et lui demande un portrait de celui qui fut son ami, et dont il respectera toujours la vertu.

362. **LE MÊME.**

Giuseppe Farsetti, patrizio veneto, a Gio. Giacomo Rousseau, citadino Ginevrino, sermone. Pièce aut., en italien, avec 4 lignes au bas, en français, 3 p. in-4.

C'est la copie, de sa main, d'une pièce de vers à lui adressée par G. Farsetti.

363. **LE MÊME.**

L. aut. sign.; Motiers, 28 mai 1764, 2 p. 1/4 in 4. *Belle lettre.*

Il se défend d'être l'auteur de la *Lettre à l'archevêque d'Auch*, pamphlet contre les jésuites, publié sous son nom. On lui fait prendre le titre de citoyen de Genève, auquel il a renoncé; on lui fait dire *vous* à Dieu, et ce n'est pas son usage; on lui fait prendre la défense de Voltaire, et l'on sait cependant que celui-ci est le plus ardent et le plus adroit de ses persécuteurs. «Les jésuites sont-ils en meilleur état que quand je refusai d'écrire contre eux dans leur disgrâce? quelqu'un me connaît-il assez lâche, assez vil pour insulter aux malheureux? .... Leurs ennemis se sont-ils montrés pour moi plus tolérans qu'eux?....» Il déplore la perte de M. de Luxembourg: «Sa chère et honnorable mémoire défendra la mienne des outrages de mes ennemis, et quand ils voudront la souiller par leurs calomnies, on leur dira : comment cela pourrait-il être? le plus honnête homme de France fut son ami....»

364. **LE MÊME.**

L. sig. du premier président Joly de Fleury au chancelier; Paris, 10 juin 1762, 2 p. in-fol.

Il lui donne avis qu'un arrêt du Parlement vient de condamner à être lacéré et brûlé le livre de l'*Emile*, et que son auteur, *le nommé J. J. Rousseau*, a été décrété de prise de corps. «En conséquence, j'ai envoyé hier après midi au village de Montmorency, un huissier du Parlement pour faire signifier ce décret au dit Rousseau, et l'amener dans les prisons de la Conciergerie, et l'huissier est venu me rendre compte ce matin, que le dit Rousseau s'était trouvé absent....»

365. **RUINART** (Dom Thierry), bénédictin, hagiographe, né à Reims.

L. aut. sig., en latin; Paris, 1686, 3 p. in-4. *Une tache.*

366. **LE MÊME.**

L. aut. sig.; Saint-Germain-des-Prés, 5 mai 1709, 2 p. in-4.

Relative à son *Abrégé de la vie de Mabillon.*

367. **SABATIER** (D. Pierre), bénédictin, éditeur de la *Bible italique*, né à Poitiers.

L. aut. sig. à Dom Calmet; Saint-Nicaise-de-Reims, 29 avril 1730, 3 p. in-4.

Relative à la publication de sa *Bible.*

368. **SABLÉ** (Madeleine de Souvré, marquise de), femme célèbre par son esprit.

L. aut. à la Révérende Mère Agnès, 2 p. in-4. *Rare.*

Réponse à une lettre de condoléance écrite à Mme de Sablé sur la mort de son frère.

369. **SAINT-LUC** (Fois d'Espinay de), grand-maître de l'artillerie, tué au siége d'Amiens, en 1597.

L. aut. sig. à Monseigneur...; Rennes, 24 août (1595), 1 p. pl. in-fol.

Il expose les services rendus par lui à la monarchie, et sollicite la dignité de maréchal de France.

370. **SAINT-SIMON** (Louis de Rouvray, duc de), auteur de *Mémoires.*

L. aut. sig. à M. Desmaretz; Paris, 9 mars 1712, 1 p. in-4.

371. **LE MÊME.**

L. aut. sig.; Meudon, 6 octobre 1722, 1 p. in-4.

Il recommande les intérêts du prince de Chimay, son gendre.

372. **SAINTE-MARTHE** (Scévole III de), historiographe de France, et savant généalogiste.

L. aut. sig. *Sc. F. L. de Sainte-Marthe*, à d'Hozier; Paris, 13 septembre, 1 p. in-fol.

Envoi de notes sur des questions de généalogie.

373. **SAINTE-MARTHE** (Denis de), général des bénédictins, coopérateur de la *Gallia christiana*, et éditeur des *Œuvres de saint Grégoire-le-Grand.*

L. aut. sig. à Dom de Vic, 2 p. in-4, cachet.

374. **SALLENGRE** (Albert-Henri de), célèbre critique, auteur de l'*Éloge de l'ivresse* et de l'*Histoire de P. de Montmaur.*

L. aut. sig. au Révérend Père...; La Haye, 30 août 1714, 1 p. 1/2 in-4. *Rare.*

375. **SANADON** (Nicolas), jésuite, auteur d'ouvrages de piété, né à Rouen.

Quitt. aut. sig. sur vélin; 1er mars 1704, 1 p. in-8 en travers.

376. **SANTEUIL** (Jean de), poëte latin.

L. aut. à M. Desmarets, 3 p. pl. in-4.

Très-belle lettre, dans laquelle il est question d'une de ses élégies, traduites en vers français par Desmarets. Longues félicitations à ce sujet. Éloge de la langue latine, nouvelles de l'Académie française, où Huet vient d'être admis, etc.

377. **LE MÊME.**

6 grandes lignes aut. sig., au bas d'une pièce imprimée.

378. **SAUMAISE** (Claude), savant illustre, né à Semur.

L. aut. sig., en latin, à Samuel Petit; 1633, 1 p. in-fol., cachet. Belle lettre toute d'érudition.

379. **SCHANNAT** (J. Fréd.), historien de l'abbaye de Fulde.

L. aut. sig.; Worms, 1729, 4 p. in-4. Belle lettre.

380. **SCHOMBERG** (Henri-Théodore de), maréchal de France.

L. sig. (à Richelieu); Heidelberg, 21 janvier 1619, 4 p. in-fol. *Belle pièce.*

381. **SCULPTEURS** du siècle de Louis XIV. Vingt-deux quittances sig. sur vélin.

Barrois (Franç.); Corne (Jean), 2 pièces; Diec (Jean de); Dufour (Nic.); Granier (Pierre); Hurtrel (Simon), 2 pièces; Jouvenet (Noël); Le Bercher (David); Lepautre (Pierre), 2 pièces; Magnier (Ph.); Marty (Gaspard); Mazières (Simon);

Melo (Barthélemy de); Misson (Hubert); Probst (Jacques); Robert (Jacques); Thierry (Jean); Vaucleve (Corneille), 2 pièces. — Quitt. sig. par 10 sculpteurs qui ont travaillé à la grande voûte de l'église des Invalides; 10 août 1700.

382. **SÉVIGNÉ** (Charles, marquis de), fils de Mme de Sévigné, amant de Ninon de Lenclos.

L. aut. sig. à Monseigneur...; Rennes, 13 avril 1692, 3 p. in-4. *Rare.*

Sévigné (Renaud de), chevalier de Malte, archevêque titulaire de Corinthe, oncle de Mme de Sévigné.

L. aut. sig. à Luc d'Achery; 1656, 3 p. in-4, cachets.

383. **SFORCE** (Maximilien), duc de Milan, dépossédé de ses États par François Ier.

Quitt. sig. sur vélin, 1522, in-fol.

384. **SORBIÈRE** (Samuel), historiographe de France, dont les bons mots ont été recueillis sous le titre de *Sorberiana.*

L. aut. sig., en latin, à Samuel Petit; 1639, 2 p. 1/2 in-4.

385. **SPIELMANN** (Jacques-Reinhold), célèbre chimiste allemand.

L. aut. sig.; Strasbourg, 4 août 1759, 4 p. in-4.

Relative à la botanique et à l'enseignement de cette science.

386. **SUFFREN** (Jean), jésuite, confesseur de Marie de Médicis et de Louis XIII, auteur de l'*Année chrétienne*, né à Salon en Provence.

L. aut. sig. à Madame...; Saint-Germain, 22 novembre 1625, 1 p. in-fol.

387. **SULLY** (Maximilien de Béthune, duc de), illustre ministre de Henri IV.

2 quitt. sig. sur vélin, 1606-1609, in-4 en travers.

388. **TALON** (Omer), célèbre avocat général au Parlement de Paris.

L. aut. sig. à Nublé, avocat; 2 p. in-4, avec la réponse aut. de celui-ci sur la même lettre.

389. **TENCIN** (Pierre-Guérin de), cardinal, archevêque de Lyon, ministre d'État, né à Grenoble.

L. aut. sig. à Monseigneur...; Grolée, 13 septembre 1729, 3 p. 1/2 in-4.

Curieuse lettre dans laquelle il se réjouit de la naissance du Dauphin, et se plaint des calomnies répandues contre lui par le cardinal de Polignac, lequel l'accuse d'avoir écrit au roi d'A. (Angleterre) que le cardinal de F. (Fleury) était son plus grand ennemi. « Il lui plaît de dire que je trompe ce prince et que Mme de Tencin est l'espion du B. Georges. »

390. **THÉMINES** (le mis de), maréchal de France.

L. aut. sig. à Henri IV; à Milhac, 1601, 2 p. in-fol.

391. **THIERS** (J. B.), auteur de curieuses dissertations, né à Chartres.

L. aut. sig. à l'abbé Nicaise; Champrond, 1687, 1 p. in-4, cachet. Jolie lettre.

392. **THUILLIER** (Dom Vincent), bénédictin, éditeur des *Œuvres posthumes de Mabillon et de Ruinart*, né à Coucy (Aisne).

L. aut. sig. à Monseigneur...; 2 p. in-4.

393. **TITON DU TILLET**, littérateur, auteur du *Parnasse français*.

L. aut. sig. à M. Corvaisier; 1748, 3 p. in-4, cachet.

Toute relative à son *Parnasse français*, et aux éloges qu'il lui a mérites de diverses académies.

394. **TORCY** (J. B. *Colbert*, m^is de), ministre, auteur de *Mémoires*.

L. aut. sig.; Versailles, 30 juin 1707, 2 p. 1/2 in-4.

395. **TOURNEFORT** (J^h PITTON de), illustre botaniste.

Quitt. sig. sur vélin; 7 février 1707, in-8.

396. **TOUSSAINT-LOUVERTURE**, général en chef de l'armée de Saint-Domingue.

L. sig. au général Laveaux; La Petite-Rivière, an III, 1 p. in-fol.

397. **TOUSTAIN** (Fr. Nic.), bénédictin, auteur d'un *Traité de diplomatique*, et l'un des principaux éditeurs de la nouvelle édition du *Glossaire de Ducange*, en 6 vol. in-fol.

1° L. aut. sig. (à M. Simon, conseiller à Beauvais); Paris, 1722, 2 p. pet. in-4.

Relative à des explications de vieux termes de jurisprudence, dont s'occupe M. Simon pour le *Glossaire*.

2° Envoi aut. sig., au même, au bas du prospectus (imprimé) de la nouvelle édition du *Glossaire*.

398. **URFÉ** (Pierre II, seigneur d'), bailli de Forez, grand écuyer de France.

Quitt. sig. sur vélin; 1490, pet. in-8 en travers, sceau bien conservé.

399. **URFÉ** (Anne d'), poëte, bailli de Forez, où il est né.

L. aut. sig. à Henri IV; Roanne, 9 mai 1594, 1 p. in-fol.

Il supplie le roi de jeter un coup d'œil de pitié sur ce pauvre pays du Forez, et de porter remède à la misère qui y règne.

URFÉ (Claude d'), bailli de Forez, gouverneur de Henri II.

Quitt. sig. sur vélin; 1569.

400. **URSINS** (la p^cesse des), femme célèbre par le rôle qu'elle joua à la cour de Philippe V.

2 l. sig. à Desmaretz; Madrid, 2 février 1710-13, 2 p. 1/2 in-4.

401. **LA MÊME.**

L. sig. *la duchesse de Brachiane*, avec 4 lignes aut. à la fin; 3 p. in-4.

402. **VAISSETTE** (Dom Joseph), bénédictin, historien du Languedoc.

L. aut. sig. à M. Freydier, juge à Nîmes; Paris, 1744, 3 p. in-4, cachet.

Réponse à une demande touchant la juridiction des conventions royaux de Nîmes.

403. **VALENS** (Pierre), savant humaniste, régent du collége de Reims.

L. aut. sig., en latin, à Samuel Petit; Paris, 1639, 3/4 de p. in-fol., cachet.

404. **VALLOT** (Ant.), médecin de Louis XIV, administrateur du Jardin-des-Plantes, né à Reims.

L. aut. sig. à Falconnet, médecin; Versailles, 18 octobre 1664, 3 p. pt. in-4, cachets et soies.

405. **VALOIS** (Adrien de), érudit, historien.

1° L. aut. sig. au professeur Petit, à Nîmes; Paris, 10 juin 1636, 1 p. pl. in-fol., cachet.

Envoi d'un exemplaire de son *Amien Marcellin*, avec prière de l'examiner, et de lui signaler les fautes qui peuvent s'y trouver.

2° 2 quitt. sig. sur vélin, 1663-70.

406. **VALOIS** (Henri de), historiographe et critique.

1° L. aut. sig.; 16 avril 1665, 2 p. in-8.

2° Quitt. sig. sur vélin, 1675.

407. **VAUBAN** (Sébastien *Leprestre* de), maréchal de France et ingénieur illustre.

L. aut. sig. à d'Hozier; Lille, 13 juillet 1693, 2 p. in-4, cachet.

408. **LE MÊME.**

Quitt. sig. sur vélin; 3 janvier 1673, in-4 en travers.

409. **LE MÊME.**

Quitt. sig. sur vélin; 1670, in-8 en travers.

410. **VAUGELAS** (Claude de), célèbre grammairien, de l'Académie française.

L. aut. sig. à d'Hozier; 11 janvier 1648, 1 p. pl. in-4. *Rare.*

411. **VENDOME** (César, duc de), fils aîné de Henri IV et de Gabrielle d'Estrées.

L. aut. sig. à son cousin...; d'Anet, ce 25 octobre 1623, 1 p. in-fol.

412. **VENDOME** (L. Jos., duc de), maréchal de France.

L. aut. sig.; 4 septembre 1705, 1 p. in-4.

413. **VENDOME** (Philippe, duc de), grand prieur de France.

L. aut. sig.; Asti, 3 janvier 1704, 2 p. in-4. Pièce militaire, un peu piquée d'humidité.

414. **VERNET** (Jacob), littérateur et théologien suisse.

L. aut. sig. à B. de Montfaucon; Genève, 1728, 1 p. 1/2 in-4, cachet.

415. **VILLARCEAUX** (de), amant de Mme de Maintenon, puis de Ninon de Lenclos.

L. aut. sig.; Paris, 1637, 1 p. pl. in-fol. *Rare.*

416. **VILLEROY** (F. de *Neufville*, duc de), maréchal de France.

L. aut. sig.; 3 novembre 1705, 2 p. pl. in-fol.

417. **VINCENT DE PAUL** (saint).

Reçu notarié, sig., de 64,000 livres, pour la construction de treize maisons au faubourg Saint-Denis, destinés au logement des Frères de la *mission* de Sédan; Paris, 20 septembre 1641, 3 p. in-fol.

418. **VOLTAIRE** (Arouet de).

L. aut. sig. à M. Tronchin; Ferney, 14 août 1765, 1 p. pl. in-4, cachet.

419. **WILKINS** (David), habile orientaliste anglais.

L. aut. sig. au Rév. Père...; palais de Croydon, 1722, 2 p. in-8.

420. **WOLFF** (Christian), célèbre philosophe et mathématicien allemand.

L. aut. sig., en latin; 12 mai 1753, 1 p. in-4. Relative à la philosophie.

Personnages mentionnés dans les Mémoires de Saint-Simon.

421. Aguilar (le comte d'). L. aut. sig., 1704, 5 p. in-fol. — Albemarle (le duc d'). L. aut. sig., 1717, 2 p. in-4. — Albret-Miossens. L. aut. sig., 1 p. in-4. — Albret (le duc d'). L. aut. sig., 1712, 1 p. 1/2 in-4. — Amelot, L. sig., 1722, 1 p. in-fol. — Amiens (le vidame d'). L. aut. sig., 1705, 1 p. in-4. — Angennes (le comte d'). L. aut. sig., 1705, 1 p. in-4. — Antin (le duc d'). L. aut. sig., 1712, 3/4 de p. in-4. — Arco (le comte d'). L. sig., 1706, 1 p. in-4. — Aubeterre (le chevalier d'). L. aut. sig., 1704, 3 p. in-4. — Auvergne (l'abbé d'). L. aut. sig., 1705, 2 p. in-4. — En tout 11 lettres.

422. Barbanson (le prince de). L. aut. sig., 3 p. in-4. — Bedoyère. L. sig., 1705, 1 p. in-4. — Bellefonds (la maréchale de). L. aut. sig., 2 p. in-4. — Berghes (le prince de). L. aut. sig., 1695, 1 p. in-4. — Bergeyck (le comte de). L. aut. sig., 1693, 2 p. in-fol. — Béthune (le duc de). Pièce sig., 1679. — Béthune (la marquise de). L. aut. sig., 1710, 2 p. in-4. — Béthune. 2 l. aut. sig., 4 p. in-4. — Bonsy (le cardinal de). L. aut. sig., 2 p. 1/2 in-4. — Bournonville (le marquis de). L. aut. sig., 3 p. in-4. — Brancas. L. sig., 1731, 1 p. 1/2 in-4. — Brissac (la duchesse de). L. aut. sig., 2 p. 1/2 in-4. — Broglie (famille de). 4 pièces sig. — En tout 13 pièces.

423. Chevreuse (le duc et la duchesse de). 2 l. aut. sig., 1714, 1 p. in-4 et 2 p. in-8. — Chastillon (le duc de). L. aut. sig., 1706, 1 p. in-4. — Charost (le duc de). L. aut. sig., 1715, 1 p. in-4. — Chateauneuf (la marquise de). L. aut. sig., 2 p. in-4. — Chaulnes (le duc et la duchesse de). 2 l. aut. sig., 1683 et 1692, 4 p. in-4. — Chaulnes, prieur de Poissy. 1705. 2 p. 1/2 in-4. — Chaulnes (le duc de). 1713, l. sig., 1 p. pet. in-4. — Colmenero, général. L. aut. sig., en espagnol, 4 p. in-4. — Cossé (la maréchale de). L. sig., 1709, 2 p. in-4. — Croissy (Mme de). L. aut. sig., 1 p. in-8 — En tout 10 pièces.

424. Daguesseau, père. 1714, 2 l. aut. sig., 3 p. in-8. — Dangeau (la marquise de). L. aut. sig., 1710, 2 p. in-4. — D'Armagnac (la princesse). L. aut. sig., 1727, 1 p. in-8. — Dillon (Sheldon). L. aut. sig., 1715, 1 p. in-4. — Dodun. 2 l. sig., 1718. — Du Luc (la comtesse). L. sig., 1711, 3 p. in-fol. — Du Rouré (la marquise). L. aut., 7 p. 1/2 in-4. — Du Rouré (la comtesse). L. sig., 1711, 2 p. in-4. — En tout 8 pièces.

425. Harcourt (le duc d'). L. sig., 1713, 3 p. in-4. — Harlay. L. aut. sig., 1704, 1 p. in-8. — Hautefort (le chevalier d'). L. aut. sig., 1711, 2 p. in-4. — Jonsac-Aubeterre. L. aut. sig., 1716, 4 p. in-4. — En tout 4 pièces.

426. Effiat (d'). L. sig., 3 p. in-4. — Elbeuf (le prince d'). L. aut. sig., 1704, 3 p. in-4. — Elbeuf (le duc et la duchesse d'). 2 l. aut. sig., 1722, 4 p. in-4. — Flamarens (le marquis de). L. aut. sig., 1 p. in-4. — Foix (le duc et la duchesse de). 2 l. aut. sig., 3 p. in-4. — Fresnoy (le marquis de). L. aut. sig., 1703, 1 p. in-4. — Furstemberg (la comtesse de). L. aut. sig., 1712, 2 p. in-4. — En tout 9 pièces.

427. Gassion (Mme Colbert de). L. aut. sig., 1706, 1 p. in-4. — Gassion (de). Quitt. aut. sig., 1696. — Gesvres (le duc et la duchesse de). 2 l. aut. sig., 5 p. in-4. — Goesbriant. L. aut. sig., 1697, 7 p. in-4. — Grammont (le comte et la comtesse

de). 2 l. aut. sig., 1708, 2 p. in-fol. et 2 p. in-4. — Grammont (la duchesse de). L. aut. sig., 2 p. in-4. — Grimaldo (le marquis de). L. sig., 1722, 1 p. in-fol. — Guastalla (le duc de). L. sig., 1699, 1 p. in-fol. — En tout 9 pièces.

428. Labriffe. L. aut. sig., 1711, 1 p. in-4. — Lafare Lopez (l'abbé de). L. aut. sig., 1733, 1 p. in-4. — La Ferté (la duchesse de). L. aut. sig., 2 p. 1/2 in-4. — La Feuillade (le duc et la duchesse de). 2 l. aut. sig., 1713, 4 p. 1/2 in-4 et in-8. — La Force (le duc de). L. sig., 1715, 2 p. in-4. — Lagrange, intendant. L. aut. sig., 1708, 5 p. in-4. — La Meilleraie (le duc de). L. aut. sig., 2 p. in-4. — La Motte (la maréchale de). L. sig., 2 p. 1/2 in-fol. — Larochefoucauld (le comte de Jarnac de). L. aut. sig., 1713, 1 p. 1/2 in-4. — La Vallière (le duc de). L. aut. sig., 1711, 1 p. in-4. — Lavieuville. L. aut. sig., 1708, 4 p. in-fol. — Le Camus. L. aut. sig., 1705, 3 p. in-4. — Léon (le prince de). L. aut. sig., 1712, 2 p. in-4. — Lorraine (l'abbé de). L. aut. sig., 1709, 1 p. in-4. — Lorraine (Louis de). L. aut. sig., 1712, 1 p. in-8. — La Houssaye. L. aut. sig., 1719, 1 p. in-4. — Luynes (la duchesse de). L. aut. sig., 1 p. in-4. — En tout 17 pièces.

429. Mailly (la comtesse de). L. aut. sig., 1699, 1 p. in-4. — Marsan (le comte de). L. aut. sig., 3 p. in-8. — Maubecq (le prince de). L. aut. sig., 2 p. 1/2 in-4. — Moreau-Maupertuis. L. aut. sig., 1 p. in-4. — Mazarin (le duc de). Billet sig. — Mesmes (de). L. aut. sig., 1708, 3 p. in-4. — Mesmes (le bailli de). L. sig., 1722, 1 p. in-fol. — Monaco (le prince de). L. sig., 1731, 2 p. in-4. — Montausier. L. sig., 3 p. in-4. — Monteleone. L. aut. sig., 1705, 1 p. in-8. — Montfort (le duc et la duchesse de). 2 l. aut. sig., 3 p. 1/2 in-8 et in-4. — Montgon (de). L. aut. sig., 1714, 1 p. in-4. — Morel (l'abbé). L. aut. sig., 1 p. in-8. — Mortemart (le duc de). L. aut. sig., 1713, 1 p. in-4. — En tout 15 pièces.

430. Nointel (de). L. aut. sig., 1715, 2 p. in-4. — Noirmoutiers (le duc de). 2 l. aut. sig., 1713, 6 p. 1/2 in-4. — O (la marquise d'). L. aut. sig., 2 p. in-4. — En tout 3 pièces.

431. Pallavicin (de). L. aut. sig., 1704, 4 p. in-fol. — Pio de Savoye (le prince). L. aut. sig., 1707, 2 p. in-4. — Petersborow. L. aut. sig., 1707, 2 p. in-4. — Perth (le duc de). L. aut. sig., 1709, 1 p. in-4. — Polignac (le vicomte de). L. aut. sig., 1713, 4 p. in-4. — Pompadour (Mme Navailles de). L. aut. sig., 2 p. 1/2 in-8. — Pons (le chevalier de). L. aut. sig., 1 p. in-4. — Portland (Lord). L. aut. sig., 1695, 3 p. in-4. — En tout 8 pièces.

432. Richelieu (la duchesse de). L. aut. sig., 1714, 1 p. in-4. — Rochefort (la maréchale de). L. aut. sig., 3 p. in-4. — Rohan (François de). Certificat sig., 1690, in-4. — Rupelmonde (Mme d'Alègre de). L. aut. sig., 2 p. in-4. — Rupelmonde (la comtesse douairière de). L. aut. sig., 1704, 4 p. in-4. — En tout 5 pièces.

433. Saint-Aignan (le duc de). Reçu sig., 1707, in-4. — Saint-Contest. L. aut. sig., 1702, 1 p. in-4. — Saint-Fremont. L. sig., avec 10 lignes aut., 1706, 3 p. in-fol. — Saint-Géran (la comtesse de). L. aut. sig., 4 p. in-4. — Saint-Jacques (l'abbé de). L. aut. sig., 3 p. in-4. — Saint-Pierre (le duc de). 2 l. aut. sign., dont une en espagnol, 1702-12, 7 p. in-fol. et in-4. — Sérignan (de). L. aut. sig., et l. sig., 1710, 6 p. in-4. — Sforce (la duchesse de). L. aut. sig., 1713, 1 p. in-4. — Sillery (Mme

de). L. aut. sig., 1713, 3 p. 1/2 in-4. — Simiane. L. aut. sig., 1707, 2 p. in-4. — Soissons (Rohan de). L. aut. sig., 2 p. in-4. — Soubise (la princesse de). L. aut. sig., 3 p. in-4. — Sourdis (le marquis de). L. aut. sig., 1 p. in-4. — Sully (le duc et la duchesse de). 2 l. aut. sig., 1712, 2 p. in-4. — En tout 16 pièces.

434. Talmont (le prince de). L. aut. sig., 1714, 1 p. 1/2 in-8. — Tencin de Ferriol (Mme de). L. aut. sig., 1 p. in-8. — Tourville (la maréchale de). L. sig., 2 p. in-8. — Uzès (la duchesse d'). L. sig., 2 p. in-4. — En tout 4 pièces.

435. Albani (le cardinal). L. sig., 1722, 2 p. in-fol. — Dangeau (le chevalier de). Saint-Malo, 1708, 3 p. in-fol. — D'Aumont (le duc). L. aut. sig., 1 p. in-4. — Aytona (le marquis d'). L. sig., en espagnol, 1702, 3 p. in-fol. — Beauvilliers (le duc de). Pièce sig., 1717, 1 p. in-fol. — Biron (le maréchal). Pièce sig., 1714. — Bonsy (le cardinal de). L. sig., 1692, 1 p. in-fol. — Bouillon (le duc et le cardinal de). 2 l. aut. sig., 1693-1712, 2 p. in-4. — Don Carlos, infant d'Espagne. L. aut. sig., 2 p. in-8, cachets et soies. — Castiglione (le marquis de). L. aut. sig., en italien, 1699, 2 p. in-fol. — Cienfuegos (le cardinal de). L. sig., en italien, 1728, 1 p. in-fol. — Colbert, archevêque de Rouen. L. aut. sig., 2 p. in-8. — Conti (le prince de). L. aut., 1697, 1 p. 1/4 in-4, cachet. — En tout 14 pièces.

436. Estrées (le cardinal d'). L. sig., 1703, 3 p. 1/4 in-4, tachée d'humidité. — Janson Forbin (le cardinal de). L. sig., 1702, 2 p. in-fol. — La Chastre. Billet aut. sig., 1/2 p. in-4. — Lafare-Lopez (le chevalier de). L. aut. sig., 1 p. in-4. — La Rochepot. L. aut. sig., 1602, 2 p. in-fol. — La Reynie. L. aut. sig., 1682, 1 p. in-8. — Latremoille (Charles et le cardinal de). 2 l. aut. sig., 1710-13, 2 p. in-4. — Lepeletier. L. aut. sig., 1685, 1 p. 1/2 in-4. — Lesdiguières. L. sig., 1637, 1 p. in-4, cachets. — En tout 10 pièces.

437. Maupeou. L. aut. sig., 1696, 1 p. in-4. — Maurepas (le comte de). 2 l. aut. sig., 1696-97, 8 p. in-4. — Monaco (le prince de). L. sig., 1728, 1 p. in-fol. — Nassau (le prince de). 2 l. sig., 1687-91, 5 p. in-fol. et in-8. — Noailles (Adrien et Anne de). 2 quitt. sig. — Ottoboni. L. sig., 1728, 1 p. in-fol. — Polignac (le cardinal de). L. sig., 1728, 1 p. 1/2 in-fol. — Pontchartrain. L. aut. sig., 1696, 1 p. in-4. — Richelieu (le duc de). Pièce sig., 1675. — Puysieulx. L. sig., 1716, 2 p. in-4. — En tout 12 pièces.

438. Rohan (le prince et le cardinal de). 1687-1712, 2 l. et une quitt. — Seignelay (l'abbé de). L. aut. sig., 1713, 2 p. 1/4 in-4. — Soubise (le prince de). L. sig., 1705, 1 p. 1/2 in-4, cachet. — Torcy (le baron de). 1695, 1 p. in-fol. — Varennes (le marquis de). L. aut. sig., 1702, 1 p. in-4. — Villaroel (le marquis de). L. sig., en espagnol, 1706, 1 p. in-fol. — Villena (le marquis de). L. sig., en espagnol, 1702, 3 p. in-fol. — Wirtemberg (Fréd. Guill., duc de). 2 l. aut. sig., 1695-98, 2 p. 1/4 in-4. — Zintzendorf (Rodolphe). L. aut. sig., 1698, 3 p. in-4. — En tout 11 pièces.

439. Bourbon (Louise de). L. aut. sig. à la supérieure des carmélites, 1 p. in-4. — Chamillart de Dreux (Mme). L. aut. sig., 1 p. in-4. — Espernon (Mme et Mlle de). L. aut. sig., et l. aut., 1684, 5 p. in-4. — Estrées (la duchesse d'). L. aut. sig., 1717, 2 p. in-4. — Léon (la princesse de). L. aut. sig., 1707, 2 p. in-8. — Lassay de Coligny (Mme). L. aut. sig., 2 p. in-4. —

Maisons (la présidente de). L. aut. sig., 1726, 4 p. in-4. — Malause (Mme de Bourbon de). 2 L. aut. sig., 1717, 6 p. in-4. — Melfort (la duchesse de). L. aut. sig., 1715, 2 p. in-4. — Nesle (la marquise de). L. aut. sig., 1726, 2 p. in-4. — Noailles (Mme et la maréchale de), 1672, 2 L. aut. sig., 3 p. in-4. — Rohan (la duchesse de). L. aut. sig., 1724, 3 p. in-4. — Roye (la marquise de). L. aut. sig., 1707, 1 p. in-4. — Saint-Geniès (Mme Rolland de). L. aut. sig., 1702, 4 p. in-4. — En tout 46 lettres.

NOTA. Si un acquéreur se présente pour la totalité de ces pièces, elles seront vendues en un seul lot.

DESSINS.

1. ALLART VAN EVERDINGEN. Paysage, bistre. H. 17 cent., L. 19.
2. BEGA (Corneille). Scène de cabaret, d'après Ostade. H. 14 cent., L. 13.
3. BOLOGNÈSE (école du). Paysage, plume et sépia. H. 18 cent., L. 19.
4. BRIL (Paul). Paysage, plume. H. 28 cent., L. 33. *Très-beau dessin.*
5. BRIL (école de Paul). Paysage, plume, octogone.
6. CABAT. La campagne de Rome, paysage au crayon, rehaussé en couleur, sig. H. 33 cent., L. 22.
   — Le bon Samaritain, d'après le même, gravure.
7. CALLOT. Soldats dévalisant une voiture, crayon et bistre. H. 12 cent., L. 27. C'est un des numéros des *Misères de la guerre.*
8. CANALETI. Vue de Venise, plume, fixé sur carton. H. 28 cent., L. 30.
9. CARRACHE (Annibal). Étude au crayon rouge. H. 17 cent., L. 23.
10. CHARDIN. Cuvier de lessive avec son trépied, crayon estompé. H. 30 cent., L. 27.
11. CLAUDOT. Amours soutenant une corbeille de fleurs. H. 12 cent., L. 20.
12. — Paysage, contre-épreuve.
13. DIETRICH. Descente de croix, sépia. H. 39 cent., L. 29. *Beau dessin.*
14. GENY (Al.). Portrait d'homme, costume hollandais, belle aquarelle. H. 35 cent., L. 26.
15. GRANDVILLE (J. J.). L'*Orgie*, caricature politique, plume. *Beau dessin.*
16. — *Le savant* (scène de la vie privée des animaux), plume, sig.
17. — *Le Farniente au café* (scènes de la vie privée des animaux), plume.
18. — Étude de mœurs : *Une jeune et timide brebis ouvrit le bal avec une panthère sur le retour*, plume.
19. — *Un dandy*, plume, sig.
20. — *Dispute de deux portières*, plume.
21. — *Envahissement des banquettes d'un théâtre* (petites misères de la vie humaine), plume.
22. — *Un candidat à la députation* (petites misères de la vie humaine), plume.
23. — *Une tragédienne épaisse et carrée* (Jérome Paturot) ; plume, rehaussée de blanc et de noir ; sig.

24. GRANDVILLE (J. J.). *Monsieur, vous avez une saillie qui me laisse croire que vous avez du penchant pour le roi* (Jérôme Paturot); mine de plomb.
25. — *Cuisinière lisant son journal* (Jérôme Paturot); plume, rehaussé de blanc, sig.
26. GUERCHIN (le). Têtes d'étude, plume. H. 12 cent., l. 16.
27. — Paysage, plume. H. 25 cent., l. 45. *Beau dessin.*
28. — Paysage : pendant l'orage. H. 19 cent., l. 28.
29. GUERCHIN (école du). Ange jouant du violon, plume. H. 19 cent., l. 16.
30. JACQUARD. Le songe de Jacob, grande composition, crayon rouge. H. 30 cent., l. 45.
31. LORRAIN (Claude). Trois arbres, sépia. H. 12 cent., l. 20.
32. MANGLARD, de Lyon, maître de Joseph Vernet. Marine, crayon rouge. *Beau dessin.* H. 27 cent., l. 42.
33. NICOLLE (V. J.). Deux dessins, bistre.
34. OUDRY (J. B.). Paysage : un grand pont sur une rivière; crayon, sig. H. 27 cent., l. 53.
35. REMBRANDT. Dessin à la plume. H. 16 cent., l. 26.
36. — Un homme visitant un malade. H. 20 cent., l. 17.
37. SALVATOR ROSA. Deux soldats couchés au pied d'un arbre, plume. H. 40 cent., l. 27.
38. STELLA (Jacques). Ouvriers traînant une voiture chargée de pierres; mine de plomb et sépia. H. 15 cent., l. 25.
39. TRIQUETI (H.). Deux études académiques, crayon rouge et plume, sig. H. 22 cent., l. 38.
40. VANDER KABEL. Marine, plume. H. 20 cent., l. 27.
41. VAN DYCK (Ant.). Résurrection de Lazare? Sépia. H. 27 cent., l. 38.
42. VAN GOYEN. Marine, crayon et encre de chine. H. 11 cent., l. 20. *Très-joli dessin.*

GRAVURES ANCIENNES.

43. ALDEGREVER. L'adoration des bergers, 1553, petite pièce en hauteur.
44. — La mort du mauvais riche, 1554, petite pièce en travers.
45. — La Vierge et l'Enfant Jésus, 1553, et un autre sujet appartenant à une suite, 1541. 2 petites pièces en hauteur.
46. BOISSIEU. Saint Jérôme assis au pied d'un arbre. *Belle épreuve.*
47. BOLOGNE (Jules de). Jésus-Christ descendu de la croix, d'après Michel-Ange, 1546.
48. CALLOT (J.). Saint Nicolas prêchant dans le désert. *Jolie épreuve.*
49. — Le martyre de saint Sébastien. *Avant le nom d'Israël.*
50. — La Sainte-Famille à table, pièce ronde dans un carré. *Belle épreuve.*
51. — Passage de la Mer Rouge. *Belle épreuve.*
52. — La tentation de saint Antoine. 2e *état. Belle épreuve.*
53. — Arbre de saint François. *Belle épreuve avant le nom de Callot.*
54. — La grande Passion, 6 pièces.
55. — Les 23 martyrs du Japon, pièce en hauteur. *Belle épreuve.*
56. — Le martyre des apôtres, 16 petites pièces en hauteur.
57. — Les sept péchés capitaux, 7 petites pièces en hauteur.
58. — Catafalque de l'empereur Mathias, pièce en hauteur.

59. CALLOT. Son portrait par Wostermann, d'après Van Dyck. *Belle épreuve.* — Autre, par Michel Lasne.
60. CAPRAROLA. Le Christ descendu de la croix, eau forte, 1597. *Belle pièce.*
61. DORIGNY. La transfiguration, d'après Raphael, grande planche.
62. DURER (Albert). Saint Hubert à genoux. *Belle épreuve.*
63. — Saint Jérôme dans sa cellule, 1514. *Belle épreuve.*
64. — Saint Antoine ermite, 1519, petite pièce qui a un peu souffert au plan gauche.
65. — Saint Jérôme à genoux devant un Christ, une pierre à la main, son lion à ses côtés. *Belle épreuve.*
66. — 5 planches sur bois, dont 4 pour l'Apocalypse. *Épreuves anciennes.*
67. EDELINCK. Sainte-Famille, d'après Raphaël. *Épreuve avec les armes de Colbert.*
68. GOLTIUS (Henri). Les mages faisant leur offrande, grande pièce gravée. *Belle épreuve.*
69. JODE (Pierre de). Saint Martin de Tours guérissant un possédé, grande planche gravée d'après Jordaens. *Belle épreuve.*
70. KRANACH (Lucas). Le martyre des douze apôtres, 11 pièces sur les 12 dont se compose la suite; — un autre sujet. — En tout 12 grav. sur bois.
71. LORRAIN (Claude). 4 grands paysages. *Bonnes épreuves, mais sans marges.*
72. — Marine, eau-forte.
73. — Paysage, eau-forte.
74. — Vue du Campo-Vaccino. *Contre-épreuve.*
75. — Voleurs détroussant un passant. *Belle épreuve.*
76. — Berger assis jouant du flageolet.
77. LUCAS DE LEYDE. La conversion de saint Paul, grande estampe gravée, 1509. *Cette pièce a souffert.*
78. MARC ANTOINE RAYMONDI. Massacre des innocents. Cette pièce a souffert dans le haut et le bas, mais l'épreuve est assez belle.
— La sortie des limbes, 2ᵉ état.
79. MANTUAN (le). La dispute du Saint-Sacrement, d'après Raphaël, grande pièce doublée.
80. MARTIN (J.). La création. — Adam et Ève dans le paradis terrestre. — Ève donnant la pomme à Adam. — Adam et Ève chassés du paradis terrestre, 4 pièces gravées à la manière noire.
81. MASSON (Ant.). Les pèlerins d'Emaus (la belle nappe). *Belle d'épreuve, mais doublée et rognée.*
82. PIRANESI. 10 vues de Rome.
83. POTTER (Paul). 2 eaux-fortes, vaches et moutons, 1644-49.
84. POUSSIN (4 paysages d'après le), dont *L'hiver*, gravé par Jean Audran.
85. REMBRANDT. L'ange quittant Tobie.
86. — Agar renvoyée par Abraham. *Belle épreuve.*
87. — Les trois croix, 1ᵉʳ état.
88. — L'étoile des rois. *Belle épreuve.*
89. — Apparition de l'ange aux bergers, bel effet de nuit; très-recherché. *Superbe épreuve.*
90. — Saint Philippe baptisant l'eunuque. *Belle épreuve.*
91. — Le triomphe de Mardochée? Pièce en travers.
92. — Fuite en Égypte? *Belle épreuve.*
93. — Paysage. *Très-belle épreuve; rare.*

94. RIBEIRA. Saint Jérôme lisant, eau forte.

95. — Saint Jérôme écoutant la trompette du jugement dernier, eau forte.

96. — Même sujet, d'une composition différente, eau-forte. *Belle épreuve.*

97. — Jésus-Christ descendu de la croix, eau-forte. *Belle épreuve.*

98. ROTA (Martin). Le jugement dernier, d'après Michel-Ange, 2e état.

99. RUISDAEL. 3 paysages gravés à l'eau-forte.

100. SCHOEN (Martin). 4 vierges folles. — Encensoir gothique. Cette pièce a beaucoup souffert.

101. SILVESTRE (Israel). 10 vues de Nancy, moyennes pièces en travers.

102. VAN DYCK. Trois portraits à l'eau-forte, dont Breughel.

103. Dessin au crayon rouge. — Trois dessins aquarelles, fruits, fleurs, oiseaux, par Victor BOUILLÉ. — Une madone imprimée sur satin. — Mausolée de René II, duc de Lorraine. — Paysage, eau forte, par Paul Bril. — Création du monde, d'après Raphaël, eau-forte. — GONDT (le comte de), L'aurore. — Jésus-Christ mis au tombeau, Rousselet sculpsit. — La foire Saint-Jean, par Collin. — Ce lot sera divisé.

LIVRES IMPRIMÉS.

1. QUESTIONES DE QUODLIBET FRATRIS THOMÆ DE AQUINO; *Coloniæ*, 1471, 1 vol. in-fol., gothique, initiales en couleur, maroq. violet, très-grand de marge; quelques taches dans la marge supérieure.

2. LE MIROIR DE CONSOLATION, de Fr. Pétrarque, (en allemand); *Francfort* 1620, 1 vol. in fol., 243 curieuses figures sur bois dans le texte, rel. vélin.

3. LEGENDA LOMBARDICA, Jacobi Voragine; 1 vol. in-4, *s. d.*, chiffres ni réclames, caractères ronds, à une seule colonne; rel. cuir de Russie. Bel exempl., mais auquel il manque les feuillets 231 et 301.

4. HEROINÆ NOBILISSIMÆ JOANNÆ DARC Lotharingæ, vulgo aurelianensis puellæ, historia, authore Joanne Hordal; *Ponti Mussi* 1612, 1 vol. petit in-4, 2 portraits et titre gravés, par L. GAULTIER; rel. dos de maroq., avec les plats armoriés portant la date de 1502, mais ajoutés. Bel exempl., grand de marge, d'un ouvrage rare.

5. PETRI DE BLARRORIVO, insigne Nanceidos, opus de bello Nanceiano. *Impressum in celebri Lothoringie Pago Divi Nicolai de portu, per petrum Jacobi, p. b. r. m. Loci paganu, anno* 1518; 1 vol. in-fol., dem. rel., dos et coins maroq. rouge, tr. dorée. *Rare.* Quelques feuillets remontés ou raccommodés.

6. IMAGINES MORTIS; *Coloniæ* 1572, 1 vol. in-12, cart., orné de 51 fig. sur bois attribuées à Holbein.

7. DETERMINATIO THEOLOGICO facultatis Parisiensis super doctrina Lutheriana hactenus per eam vita; 1521, *s. l. ni pagination* (32 pages), petit in-4, br. Rare. — D. Gregorii Nazianzeni orationes sex. Bilibaldo Pirckeymhero interprete; *Nurnbergæ* 1521, petit in-4. Piqué.

8. Horæ intemeratæ virginis Mariæ secundum usum romanum, imprimé sur vélin, par Jehan Philippe pour Thielmann Kerver, 1497; 1 vol. in-8; rel. maroq. r., tr. dor.; fig. sur bois, entourages variés à chaque page et majuscules coloriées.

9. Heures (en latin) a lusaige de Romme, etc., avec les figures de la vie de l'homme et la destruction de Hierusalem; *Paris, G. Hardouin*, 1509, 1 vol. petit in-4, rel. maroq. noir, avec 21 grandes figures, et entourages variés à chaque page.

Exemplaire imprimé sur vélin, dont les majuscules sont coloriées et rehaussées d'or. Un peu rogné en tête.

10. Heures a lusaige de Autun (en latin), imprimées sur vélin, par Simon Vostre, *s. d.* 1 vol. in-8, composé de 152 feuillets, avec 8 figures sur bois, des lettres ornées et un grand nombre de majuscules en couleurs et rehaussées d'or; rel. maroq. café, doublé de tabis, tr. dor. Très-bel exemplaire.

MANUSCRITS SUR VÉLIN.

11. Histoires de la Bible, en français, manuscrit du 14e siècle, composé de 248 feuillets, avec lettres ornées et 14 miniatures; 1 vol. in-fol., rel. maroq. noir, tr. dorée, fermoirs en argent.

Suivant une note jointe au volume, il manque quelques feuillets au commencement des Macchabées.

12. Les quatre Évangiles, en latin; manuscrit du 9e siècle, contenant 199 feuillets, lettres rondes, initiales en couleurs; 1 vol. in-fol., rel. v. brun.

La concordance des Évangiles ou Canons, comprenant les 16 premières pages, est renfermée dans des colonnes coloriées, toutes de dessins différents et surmontées de pleins-cintres, avec des chapiteaux, des figures bizarres ou des médaillons de moines. Les deux derniers feuillets du volume contiennent une liste des redevances dues par certains endroits *qui sont propres à la Lorraine.*

13. Les Épitres de saint Paul, accompagnées de commentaires, en latin, manuscrit du 11e siècle, de 203 feuillets, avec de grandes initiales, or et couleur, offrant des figures bizarres; 1 vol. in-fol., rel. maroq. chocolat. Manque un feuillet.

D'après une note jointe au volume, ce feuillet contenait les paroles de Jésus-Christ, lors de l'institution de l'Eucharistie, et aurait pu être arraché à dessein par les protestants, parce que ces paroles prouvent la présence réelle, niée par eux.

14. Sancti Augustini sermones de charitate; manuscrit du 11e siècle, de 48 feuillets, avec lettres ornées; 1 vol. petit in-fol., rel. vélin. Les deux premiers feuillets piqués. La fin manque.

Ce manuscrit, qui a appartenu à Pierre Pithou et porte sa signature, a fait ensuite partie de la bibliothèque de la duchesse de Berry.

15. Martyrologium usuardi (de l'abbaye de Sainte-Houlde ou Hoild, ordre de Cîteaux, diocèse de Toul); manuscrit du 13e siècle, composé de 79 feuillets; 1 vol. in-4, rel. vélin. Manque deux feuillets dans le calendrier. Quelques feuillets, à la fin, sont rongés des rats, mais le texte n'est pas atteint.

16. Processionnal (en latin) pour des religieuses; manuscrit du 15e siècle, composé de 123 feuillets, avec initiales couleurs et

or ; 1 vol. in-8 ; rel. maroq., tr. dorée, chiffres sur les plats et sur le dos.

17. Collectio decretorum summorum pontificum ; theologia moralis ; rituale ordinis sancti benedicti. Manuscrit du 12e siècle, composé de 123 feuillets ; 1 vol. in-4, rel. vélin.

Ce volume provient de la bibliothèque de la duchesse de Berry.

18. Compendium theologicæ veritatis ; manuscrit du 15e siècle, composé de 147 feuillets, avec lettres-titres en treillis, sommaires en rouge et majuscules de diverses couleurs ; 1 vol. petit in-4 ; rel. vélin blanc.

19. Aurora sive bibliotheca, authore Petro Riga, canonico remense ; beau manuscrit du 13e siècle, composé de 222 feuillets, avec initiales ornées et grandes capitales de têtes de chapitres, renfermant des arabesques et de petites miniatures rehaussées d'or ; 1 vol. petit in-fol., rel. maroq. chocolat.

20. Liber de visitatione, *authore Fr. Fiesso ;* manuscrit de 1460, composé de 58 feuillets, lettres rondes, avec initiales ornées, couleurs et or ; 1 vol. petit in-4, rel. vélin. Légères piqûres.

21. Heures latines, manuscrit du 15e siècle, composé de 139 feuillets, avec 3 grandes miniatures, lettres, titres et initiales ornés couleurs et or ; 1 vol. in-4, rel. maroq. noir, tr. dor.

Ce manuscrit est remarquable par le bon goût des miniatures, des riches entourages et des lettres ornées, par la grandeur de ses marges, la pureté et la blancheur de son vélin.

22. Heures latines, manuscrit du 15e siècle, contenant 128 feuillets écrits, 15 grandes miniatures et 10 moyennes, se rapportant aux principales fêtes de l'année. Les initiales sont en treillis, rehaussées d'or, les capitales et les sommaires en couleurs ; 1 vol. in-8, rel. cuir de Russie, tr. dor.

Toutes les figures sont remarquables par l'unité et la noblesse du style, une grande finesse d'exécution, et une fraîcheur de coloris que le temps n'a point altéré ; de larges bordures aux ornements variés encadrent les pages ; de petites figures, des plantes, des animaux de toute espèce, en varient l'ornementation. Les dorures abondantes qui la rehaussent sont en relief, et brunies sur cette pâte adhérente et souple dont le secret jusqu'ici n'a pas été retrouvé. C'est avec raison que l'un des anciens possesseurs de ce beau manuscrit en comparait l'éclat à celui des plus beaux vitraux.

23. Heures latines, manuscrit du 15e siècle, composé de 265 feuillets, de 11 grandes miniatures et 40 encadrements avec sujets, précédé d'un calendrier avec riches entourages ; 1 vol. in-8 ; rel. maroq. rouge, tr. dor., filets.

Les encadrements du calendrier sont extrêmement remarquables, tant par la finesse de l'exécution que par l'intérêt des sujets. Les signes du zodiaque, les fleurs et les fruits de chaque saison encadrent une suite de compositions charmantes, dans lesquelles sont représentés les travaux de chaque mois de l'année. Parmi les onze miniatures principales, on distingue d'abord le Christ bénissant et tenant la boule du monde. Le caractère et le fini de ce buste rappellent les plus belles peintures de l'école de Bruges ; il se fait aussi remarquer par ses grandes dimensions, la tête, dont la conservation est parfaite, n'ayant pas moins de trois centimètres et demi. Le même sentiment religieux et la finesse du travail se retrouvent dans les autres sujets qui ornent ce beau livre, et l'on peut dire que la plume du calligraphe et le pinceau du miniaturiste se sont unis pour en faire un véritable chef-d'œuvre.

ANTIQUES.

6

24. Saint François d'Assise et Saint Antoine de Padoue tenant l'Enfant Jésus; tableau niellé sur nacre, plaqué sur bois et découpé en forme de *paix*. Il porte 23 centimètres de hauteur sur 15 de largeur. Le style est du 17e siècle. Ce travail pieux doit provenir des moines franciscains, gardiens du saint sépulcre.

25. Une croix processionnelle du 12e siècle, en cuivre repoussé; hauteur 40 cent., bras de croix 25. La tête du crucifix porte une couronne royale. Une figurine de la sainte Vierge est placée près du sommet de la croix. On remarque aussi des pierreries, des anges et des clous ornés, dont la gravure se détache sur des fonds bleus émaillés.

www.ingramcontent.com/pod-product-compliance
Ingram Content Group UK Ltd.
Pitfield, Milton Keynes, MK11 3LW, UK
UKHW021516260726
13993UKWH00004B/1711

9 782329 222516